PETER VAN BRIEL

WEG DER LIEBE

DAS BEICHTBUCH

PETER VAN BRIEL

WEG DER LIEBE

DAS BEICHTBUCH

Sankt Ulrich Verlag

Bibliographische Information der Deutschen Bibliothek

Die Deutsche Bibliothek verzeichnet diese Publikation in der Deutschen Nationalbibliographie; detaillierte bibliographische Daten sind im Internet über http://dnb.ddb.de abrufbar.

Titelbild: KNA
Umschlaggestaltung: uv media werbeagentur
Mediengruppe Sankt Ulrich Verlag, Augsburg
Druck und Bindung: Ludwig Auer GmbH, Donauwörth
Printed in Germany
ISBN 978-3-86744-133-9
www.sankt-ulrich-verlag.de

INHALT

VORWORT

Vor Jahren, noch vor meiner Diakonenweihe, bekam ich mit, wie ein Pfarrer auf die Frage: „Warum kann eigentlich eine evangelische Krankenschwester nicht in einem katholischen Krankenhaus arbeiten?“ mit dem (ziemlich unpassenden Vergleich) antwortete: „Eine evangelische Krankenschwester in einem katholischem Krankenhaus – das ist wie ein Handballspieler ohne Arme.“

Schluck – mein Gehirn setzte für einen Moment aus. Was sollte dieser Vergleich? Ich kam da nicht mit. Damals habe ich mir vorgenommen, den Menschen, die mir Fragen stellen, immer klar und unmissverständlich zu antworten. In der Theologie gibt es Begriffe, die schwer verständlich sind, okay. Aber die Begriffe kann man erklären und mit ihrer Hilfe Sachverhalte transparent machen. Ständig durch die Blume sprechen, Vergleiche von Gott weiß woher holen schien mir nicht sonderlich dienlich zu sein.

Im Laufe meiner Priesterjahre habe ich versucht, diesem Grundsatz treu zu bleiben – viele Katechesen, die ich mittlerweile gehalten oder niedergeschrieben habe, sind das Ergebnis meiner Bemühungen, Begriffe und Inhalte ohne „Frömmeleien“ zu vermitteln.

Aber in allen Katechesen und Predigten schlich sich immer wieder ein Vergleich, der scheinbar durch keine Begriffe zu toppen war: „Der Glaube an Gott ist so ähnlich wie eine Liebesbeziehung zwischen Menschen.“

Nachdem ich zuerst versuchte, diesen Vergleich zu vermeiden, habe ich mittlerweile erkannt, dass der Vergleich: „Glauben – das ist so ähnlich wie deine Beziehung zu deinem Partner …“ gar kein Vergleich ist – beides ist tatsächlich dasselbe.

Vergleicht man Glauben und Religion mit Liebe und Beziehung, so finden sich immer wieder Anknüpfungspunkte, die plötzlich erhellen, was zuvor recht verwirrend klang. Eine Beziehung zu einem Freund, eine Liebesbeziehung oder eine Partnerschaft – darunter kann sich jeder etwas vorstellen. Jeder weiß um die Voraussetzungen, die dazu nötig sind. Glauben und Gottesbeziehung sind uns in großen Teilen fremd geworden – und so ist es durchaus hilfreich, das Zwischenmenschliche zu nehmen, um dadurch das Übernatürliche zu veranschaulichen.

Bevor ich nun ein paar der Fäden aufnehme und entwirre, muss ich allerdings eingestehen, dass in Wirklichkeit nicht die Gottesbeziehung ein Abbild der menschlichen Beziehung ist – es ist vielmehr umgekehrt. Die eigentliche, ursprüngliche und intensivste Liebesbeziehung ist die göttliche. Unsere menschlichen Beziehungen sind nur ein Bild dessen, was Gott tut (das ist schließlich gemeint, wenn es im Schöpfungsbericht heißt: „Gott schuf den Menschen nach seinem Bilde, als sein Abbild schuf er sie").

Ich bin fest davon überzeugt, dass derjenige, der eine lebendige und offene Beziehung zu Gott hat, dadurch für menschliche Partnerschaften viel mehr lernt und begreift als jemand, für den Glauben nur eine intellektuelle Überzeugung ist. Das gilt auch und vor allem für das Thema dieses kleinen Büchleins, die Beichte.

Wir werden größer, wenn wir Schuld eingestehen und um Vergebung bitten; unsere Beziehung wird tiefer und stärker – ganz gleich, ob es sich um eine Liebesbeziehung zwischen Menschen oder um unsere Gottesbeziehung handelt. Doch dieser Schritt auf den anderen zu – über die Abgründe unserer eigenen Schuld hinweg – fällt schwer und beansprucht unsere ganze Person, Leib und Seele – und unsere ganze Glaubens- und Liebeskraft. Deshalb scheitern so viele Beziehungen: Ehen, Freundschaften und auch unsere

Gottesbeziehung. Weil wir nicht glauben können oder wollen, dass vergebene Schuld uns in jeder Hinsicht erhebt.

Wer sich darin neu einüben möchte, wird voller Ängste sein. Vielleicht deshalb, weil Menschen einander nicht immer vergeben können und wir schlechte Erfahrungen gemacht haben. Deshalb sollten wir dort beginnen, wo wir wissen, dass wir auch als Sünder hochwillkommen sind: bei Gott. Wer den Weg zur Beichte findet, wird auch seine menschlichen Beziehungen anders leben. Erfüllter, tiefer und freudiger.

I. ERLÖSUNG

Warum eigentlich an Jesus Christus glauben?

Was unser Verhältnis zu Jesus angeht – und damit auch zur Kirche – habe ich in einer Predigt einmal folgenden Vergleich gezogen:

Liebe Schwestern und Brüder, stellen Sie sich vor, ein Pilot ist mit einem Flugzeug unterwegs. Plötzlich merkt er, dass er die Maschine nicht mehr richtig kontrollieren kann. Mit Entsetzen stellt er fest, dass sie auf eine Schule voller Kinder zu stürzen droht. Obwohl er damit sein Schicksal besiegelt, bleibt er bis zum Schluss in der Maschine, um sie über die Schule hinwegzusteuern – und kommt so beim Absturz ums Leben. Er hätte noch aussteigen können, aber er hat sein Leben geopfert, um die Menschen in der Schule zu retten.

Alljährlich begeht nun die Schule – zusammen mit dem ganzen Dorf – eine Gedächtnisfeier. Aus dem einfachen Bedürfnis heraus, dem Piloten Ehre und Dank zu erweisen. Wesentlich für die Gedächtnisfeier ist dabei nicht die ansprechende Gestaltung, sondern das innere Bedürfnis, „Danke" zu sagen. Und selbst wenn die Dorfkapelle immer nur das gleiche Lied spielt und wenn der Bürgermeister nur ungeschickte Reden hält: Die Feier wird ergreifend sein, wenn nur die Anwesenden wirklich danken wollen.

Für Außenstehende oder für ehemalige Schüler, die nicht glauben wollen, dass sie ihr Leben der Tat des Piloten zu verdanken haben, kann dagegen nichts diese Feier interessant machen. Jeder Unterhaltungswert wird letztlich durch das ständige Gedenken an den Piloten beeinträchtigt.

Ich habe meine Geschichte in der Predigt abgeschlossen mit der Frage: Ist Jesus Christus der Pilot, der sein Leben für mich geopfert hat? Bin ich deshalb hier? Glaube ich wirklich, dass ich seinem Leiden und Auferstehung mein Leben verdanke?

Weil diese Predigt sich vor allem mit der Eucharistiefeier beschäftigte, habe ich mich mit der Frage „Glaube ich das *wirklich?*“ begnügt. Genau das aber ist die Frage, die uns hier beschäftigen soll: Wieso hat Jesus uns durch seinen Tod erlöst? Wovon hat er uns erlöst? Wie hat er es getan? Warum eigentlich? Und was geht mich das an?

Der Erlösungstod Jesu – ein alter Hut …

… den sich keiner mehr aufsetzen will

Wir sind wieder bei dem alten Problem, dass eine Grundwahrheit des Glaubens zur hohlen Floskel geworden ist – und kaum einer kann uns wirklich sagen, was damit gemeint ist. Der Erlösungstod Jesu Christi zieht sich wie ein roter Faden durch alle Texte der Bibel; durch Lieder und Gebete der Kirche. Obwohl diese Worte uns heute in Fleisch und Blut übergegangen sind – vielleicht auch gerade deshalb –, haben wir verlernt zu fragen, was das denn bedeuten soll.

Zur Veranschaulichung zitiere ich eine ganze Reihe von Bibelstellen dazu (und ich könnte sicherlich noch dreimal soviel anfügen), um deutlich zu machen, wie zentral dieser uns so fremde Gedanke für die frühen Christen war:

Jesaja 53,2–5: *Vor seinen Augen wuchs er auf wie ein junger Spross, wie ein Wurzeltrieb aus trockenem Boden. Er hatte keine schöne und edle Gestalt, so dass wir ihn anschauen mochten. Er sah nicht so aus, dass wir Gefallen fanden an ihm. Er wurde ver-*

achtet und von den Menschen gemieden, ein Mann voller Schmerzen, mit Krankheit vertraut. Wie einer, vor dem man das Gesicht verhüllt, war er verachtet; wir schätzten ihn nicht. Aber er hat unsere Krankheit getragen und unsere Schmerzen auf sich geladen. Wir meinten, er sei von Gott geschlagen, von ihm getroffen und gebeugt. Doch er wurde durchbohrt wegen unserer Verbrechen, *wegen unserer Sünden zermalmt. Zu unserem Heil lag die Strafe auf ihm,* durch seine Wunden sind wir geheilt.

Römer 3,25: *Ihn hat Gott dazu bestimmt, Sühne zu leisten mit seinem Blut, Sühne, wirksam durch Glauben. So erweist Gott seine Gerechtigkeit durch die Vergebung der Sünden, die früher, in der Zeit seiner Geduld, begangen wurden.*

Römer 5,6–8: *Christus ist schon zu der Zeit, da wir noch schwach und gottlos waren, für uns gestorben. Dabei wird nur schwerlich jemand für einen Gerechten sterben; vielleicht wird er jedoch für einen guten Menschen sein Leben wagen. Gott aber hat seine Liebe zu uns darin erwiesen, dass Christus für uns gestorben ist, als wir noch Sünder waren.*

1 Korinther 15,3: *Denn vor allem habe ich euch überliefert, was auch ich empfangen habe: Christus ist für unsere Sünden gestorben, gemäß der Schrift …*

Kolosser 2,14: *Er hat den Schuldschein, der gegen uns sprach, durchgestrichen, und seine Forderungen, die uns anklagten, aufgehoben. Er hat ihn dadurch getilgt, dass er ihn an das Kreuz geheftet hat.*

1 Johannes 4,10: *Nicht darin besteht die Liebe, dass wir Gott geliebt haben, sondern dass er uns geliebt und seinen Sohn als Sühne für unsere Sünden gesandt hat.*

1 Petrus 1,18–19: *Ihr wisst, dass ihr aus eurer sinnlosen, von den Vätern ererbten Lebensweise nicht um einen vergänglichen Preis losgekauft wurdet, nicht um Silber oder Gold, sondern mit dem kostbaren Blut Christi, des Lammes ohne Fehl und Makel.*

1 Petrus 2,21–24: *Dazu seid ihr berufen worden; denn auch Christus hat für euch gelitten und euch ein Beispiel gegeben, damit ihr seinen Spuren folgt. Er hat keine Sünde begangen, und in seinem Mund war kein trügerisches Wort. Er wurde geschmäht, schmähte aber nicht; er litt, drohte aber nicht, sondern überließ seine Sache dem gerechten Richter. Er hat unsere Sünden mit seinem Leib auf das Holz des Kreuzes getragen, damit wir tot seien für die Sünden und für die Gerechtigkeit leben. Durch seine Wunden seid ihr geheilt.*

Hebräer 9,15.26–28: *Und darum ist er der Mittler eines neuen Bundes; sein Tod hat die Erlösung von den im ersten Bund begangenen Übertretungen bewirkt, damit die Berufenen das verheißene ewige Erbe erhalten ... Jetzt aber ist er am Ende der Zeiten ein einziges Mal erschienen, um durch sein Opfer die Sünde zu tilgen. Und wie es dem Menschen bestimmt ist, ein einziges Mal zu sterben, worauf dann das Gericht folgt, so wurde auch Christus ein einziges Mal geopfert, um die Sünden vieler hinwegzunehmen; beim zweiten Mal wird er nicht wegen der Sünde erscheinen, sondern um die zu retten, die ihn erwarten.*

Markus 10,45: *Denn auch der Menschensohn ist nicht gekommen, um sich dienen zu lassen, sondern um zu dienen und sein Leben hinzugeben als Lösegeld für viele.*

Offenbarung 5,9: *Und sie sangen ein neues Lied: Würdig bist du, das Buch zu nehmen und seine Siegel zu öffnen; denn du wurdest geschlachtet und hast mit deinem Blut Menschen für Gott erworben aus allen Stämmen und Sprachen, aus allen Nationen und Völkern.*

Nun, dann wollen wir einmal anfangen, diese Grundwahrheit neu zu bedenken. Beginnen wir einmal bei einem anerkannt schlechten Menschen: Adolf Hitler.

Kommt Hitler in den Himmel?

Vielleicht diskutieren Sie die Frage einmal mit Ihren Freunden oder Freundinnen: *Glaubst du, dass Hitler im Himmel ist?*

Dass ich gerade Hitler gewählt habe, hat nicht viel zu bedeuten, vor allem nicht, dass ich über irgendwelche Erkenntnisse darüber verfüge, ob Adolf Hitler tatsächlich im Himmel oder in der Hölle ist. Ich könnte auch einen anderen Menschen wählen, von dem einfach nur bekannt ist, dass er großes Leid angerichtet hat. Da ich aber keine Diskussion darüber beginnen will, ob das bei dem einen oder anderen wirklich der Fall ist, bleiben wir bei Adolf Hitler, der unbestritten eine der diabolischsten Figuren der Geschichte ist.

Vielleicht sind einige der Menschen, mit denen Sie reden, der Auffassung, dass Gott nun einmal barmherzig ist – warum sollte er nicht Hitler gegenüber auch barmherzig sein? Vielleicht wird er zu Hitler mit einem tiefen Seufzer sagen: „Okay, Adolf – drücken wir noch einmal ein Auge zu. Komm rein …“

Aber da wird sich sicher Einspruch erheben: Gott ist doch auch gerecht! Und es kann doch nicht sein, dass jemand, der andere Menschen (Millionen!) um ihren Glauben und ihr Leben gebracht hat, die gleiche Seligkeit erhält wie seine gemarterten Opfer …? Vor allem – genauso leicht!?

Aber, so könnte es auf der anderen Seite wieder heißen – vielleicht hat Hitler seine Taten ja bereut?

Ja – so könnte wieder eine Entgegnung lauten – reicht denn ein „Uuups!“ schon aus? Wie muss denn eine Reue aussehen, die ausreicht?

Brechen wir hier den möglichen Dialog einmal ab – und bleiben bei der Frage, wie denn die Barmherzigkeit und Gerechtigkeit Gottes angesichts eines Sünders zusammenpassen …

Gott ist gerecht …

Was heißt das eigentlich? Was ist das: *göttliche Gerechtigkeit?*

Wir kommen dem Begriff der *Gerechtigkeit* am besten näher, wenn wir schauen, wie Gerechtigkeit praktiziert wird. Zunächst muss Gerechtigkeit immer wieder *hergestellt* werden, weil der Mensch (oder die Gesellschaft – oder die Natur – oder der Lehrer …) gelegentlich nicht von sich aus gerecht ist. Eine Mutter, die sieht, wie der große Bruder der kleinen Schwester das Eis wegnimmt und es selber isst, wird eingreifen und die gestörte Gerechtigkeit wieder herstellen: Indem beim nächsten Mal das Schwesterchen ein Eis bekommt und der große Bruder eben nicht. So spürt der Bruder am eigenen Leib das, was er zuvor der Schwester angetan hat.

Gerechtigkeit ist also mit einer Art *Spiegel* zu vergleichen, der die Folgen meines Tuns auf mich zurückwirft. Ohne den *Spiegel der Gerechtigkeit* müssen die anderen die Folgen meines Tuns mittragen und oft genug darunter leiden. Das wäre ungerecht – denn ich richte mein Handeln ja normalerweise so ein, dass ich von den positiven Folgen profitiere und die negativen Folgen die anderen zu tragen haben. Greift nun Mama ein – oder der Lehrer – oder der Staat – und hält mir den *Spiegel der Gerechtigkeit* vor, so treffen die

Folgen mich selbst. Ich muss das tragen, was ich verursacht habe. Ich spüre das Leid nun selbst, das ich anderen zugefügt habe. Das ist gerecht bzw. stellt die verletzte Gerechtigkeit wieder her. Und, davon müssen wir ausgehen, Gott ist gerecht.

Psalm 11,7: *Denn der Herr ist gerecht, er liebt gerechte Taten; wer rechtschaffen ist, darf sein Angesicht schauen.*

Psalm 92,16: *Gerecht ist der Herr; mein Fels ist er, an ihm ist kein Unrecht.*

Psalm 145,18: *Der Herr ist allen, die ihn anrufen, nahe, allen, die zu ihm aufrichtig rufen. Die Wünsche derer, die ihn fürchten, erfüllt er, er hört ihr Schreien und rettet sie. Alle, die ihn lieben, behütet der Herr, doch alle Frevler vernichtet er.*

Daher können wir ziemlich gut abschätzen, was Hitler erwartet: dass alles Leid, das er verursacht hat, auf ihn zurückfallen wird. Das ist eine ganze Menge: Wie viele Menschen haben ihr Leben verloren, haben jahrelang gelitten, sind gequält und bestialisch ermordet worden! Wie viele Menschen sind durch das System unter Hitler selbst zu Monstern geworden, konnten ihren brutalsten Phantasien freien Lauf lassen, verloren ihr Gewissen und ihr Gespür für Gut und Böse! Wie viele Menschen sind durch jahrelange Angst, Verfolgung und Quälerei seelisch gestorben, haben Glauben und Hoffnung verloren, jedes Vertrauen in die Güte eines Menschen! Und allein diese Aufzählung könnte ich beliebig fortführen.

Wäre Gott gerecht, würde das alles Hitler treffen.

Das würde Hitler niemals überstehen.

Aber wir brauchen vielleicht gar nicht so hoch zu greifen – es muss ja nicht ein Monster der Geschichte sein. Nehmen wir nur einen Mörder, Vergewaltiger oder Entführer. Wieviel Leid verursacht ein einzelnes Verbrechen? Beim Opfer, bei den Angehörigen und bei all denen, die davon in der Zeitung lesen und nun selbst in Angst und Schrecken leben? Kann ein solcher Mensch vor der Gerechtigkeit Gottes noch am Leben bleiben?

Aber vielleicht sieht es mit unserem durchschnittlichen Leben auch nicht viel besser aus … Wissen wir, wieviel Leid wir verursacht haben? Wieviel durch ein kleines, unbedachtes Wort in einem anderen Menschen zerstört wurde?

Wissen wir, ob wir die jungen Dame an der Kasse bei McDonalds, die unsere Bestellung falsch ausgeführt hat und die wir lautstark kritisieren, ihren Job verliert? Oder vielleicht selbst kündigt und sich nichts mehr zutraut? Durch diesen Rückschlag endgültig ihren Glauben an ihre Fähigkeiten verliert?

Unser Leben ist lang, und wir haben viel Gelegenheit, Dinge falsch zu machen, Schaden anzurichten und Ketten von Leid auszulösen. Nur die wenigsten dieser Gelegenheiten lassen wir aus – leider. Können wir wirklich den Anblick des Spiegels der Gerechtigkeit ertragen? Werden wir nicht lieber Reißaus nehmen, um dieser tödlichen Buße zu entgehen?

Missverständlich: der Zorn Gottes

In Psalm 76, Vers 8 heißt es: *Furchtbar bist du. Wer kann bestehen vor dir, vor der Gewalt deines Zornes?* Ähnliche Aussagen vom Zorn Gottes finden wir an vielen anderen Stellen der Schrift – vor allem im Alten Testament. Das klingt so, als ob Gott sauer ist und uns zu vernichten droht.

Mir scheint das nicht ganz korrekt zu sein – zumindest missverständlich: Es ist nicht der zornige Gott, sondern die mit der Anschauung Gottes verbundenen Selbsterkenntnis, die uns trifft. Der *Spiegel der Gerechtigkeit* ist kein Blitz, den Gott schleudert, sondern nur ein Zurückgeben dessen, was wir zuvor an Blitzen auf andere geschleudert haben. Oder auch auf den Herrn persönlich.

Soweit zur Gerechtigkeit Gottes. Vermutlich sieht es so aus, dass wir alle vor diesem Spiegel sterben werden – oder lieber auf Gott verzichten, als uns diesem Horror auszusetzen.

Gibt es dann noch Hoffnung, überhaupt zu Gott zu kommen?

Unsere einzige Chance

Von uns aus gesehen – nein. *Wir* können nicht daran vorbei, uns selbst zu erkennen und das zu tragen, was wir verschuldet haben. Aber *Gott* weiß einen Weg – den Weg der göttlichen Barmherzigkeit.

Aber nicht so, wie oben schon einmal vorgeschlagen wurde: indem Gott einfach vergibt. Das wäre schlicht Betrug an den Opfern. Nein – Gott kann nicht gegen sein eigenes Wesen handeln. Jede Liebe setzt Wahrheit und Selbsterkenntnis voraus. Gott kann keine Liebesgemeinschaft auf Betrug und Selbstbetrug aufbauen.

Der Weg, den Menschen doch noch in seine göttliche Gemeinschaft aufzunehmen, ist ein sehr ehrlicher, aber auch dramatischer Weg.

Winnetou und Old Shatterhand haben es vorgemacht: Winnetou wirft sich in die Kugel, die eigentlich seinem Blutsbruder Charlie (Old Shatterhand) gegolten hat, und opfert so sein eigenes Leben, um das seines Bruders zu retten. (Genau genommen haben die beiden das nicht vorgemacht, sondern Gott nachgemacht. Aber streiten wir uns nicht über die Urheberrechte …)

Ebenso opfert sich Jesus für uns: Den „Strahl der Gerechtigkeit" fängt Jesus auf, indem er sich vor uns wirft, uns vor diesem seelischen Tod bewahrt und selbst unter dem leidet, was wir ein Leben lang angerichtet haben. Nicht wir werden getroffen, sondern Gott selbst sorgt dafür, dass das Leid der Selbsterkenntnis und Gerechtigkeit, die Grundlage einer jeden Liebesbeziehung, *ihn* trifft.

Damit ist beidem genüge getan: Sowohl der *Gerechtigkeit* gegenüber den Opfern und Leidtragenden als auch der *Barmherzigkeit,* die Vergebung um jeden Preis will.

Was zu tun bleibt

Das Geniale ist, dass Jesus für einen jeden Menschen gestorben ist: auch für mich, auch für Adolf Hitler, für jeden Menschen – in jeder Zeitepoche, auf jedem Kontinent, in jeder Religion. Das nennt der Theologe „Universalität des Heils", man spricht auch vom „universalen Heilswillen" Gottes.

Das heißt nicht, dass Hitler wirklich im Himmel ist. Denn das Problem ist, dass nur derjenige sich überhaupt in die Nähe des Spiegels (also Gottes) wagt, der darauf vertraut, dass Jesus ihn retten wird. Wer daran Zweifel hat, das Vertrauen und die Beziehung mit Jesus nicht wirklich geübt und intensiviert hat, der wird sich Gott erst gar nicht nähern – aus Angst, in ein Häuflein Asche verwandelt zu werden. Wer an der Liebe Gottes so sehr zweifelt, dass er Gott aus dem Weg geht, wird diese Liebe niemals erfahren.

Deshalb sind wir hier auf der Welt: um uns einzuüben in Vertrauen, Liebe und Glauben an Gott und die Wirksamkeit dessen, was Jesus für uns getan hat.

Leidfrei in den Himmel?

Nun klingt das allerdings so, als ob Jesus alles getan hat – und wir deshalb einfach so in den Himmel hineinmarschieren können, wenn wir nur darauf vertrauen, dass Jesus sich schützend vor uns wirft, wenn wir in das Licht Gottes eintreten. Das allerdings hat nicht viel mit Liebe zu tun – zumindest nicht mit der Liebe zu Christus. Wer wirklich auf Christus vertraut, weil er ihn liebt, wird zumindest Schmerz verspüren, wenn er sieht, was Jesus tragen musste. Das Leid unserer eigenen Sünden ist uns genommen, damit wir Gott lieben können – aber diese Liebe leidet mit, wenn sie Christus leiden sieht.

Das ist der Grund unserer katholischen Kreuzwegandachten und der kargen Karfreitagsliturgie: Wir schauen auf das, was Jesus gelitten hat – weil wir wissen, dass er unsere Schuld trägt. Zumindest dieses Leid kann uns nicht erspart bleiben, wenn wir wirklich mit Christus eins werden.

Ich habe einmal in Vorlagen zu den Jugendkreuzwegen oder Vorschlägen zu den Kreuzwegandachten geblättert und festgestellt, dass wir genau das nicht mehr tun: das Leiden Christi betrachten. Vielmehr wird unsere Aufmerksamkeit immer sofort vom Leiden des Herrn weitergelenkt – auf die Leiden in dieser Welt, die Ungerechtigkeiten, die Ausbeutungen, unsere eigenen Verfehlungen und Kreuzwege. Wir haben, angeleitet durch verfehlte Vorlagen, verlernt, den Sinn im Leiden Jesu zu sehen. Und deshalb sehen wir auch keinen Sinn darin, wenn zum Beispiel Mel Gibson die Leiden Jesu verfilmt hat.

Viel lieber sehen wir die Kindheit Jesu – und würden niemals behaupten, ein Film über diese schöne Zeit des verborgenen Lebens würde das Evangelium verkürzen. Kaum aber dreht einer einen Film nur über das Leiden Jesu (das für uns viel zentraler ist als die Kinderspiele des Herrn), glauben Kritiker, die Botschaft des Evangeliums sei in Gefahr. Genau das Gegenteil ist der Fall: Ohne das Anschauen dessen, was wir verursacht haben, droht das Evangelium von einer „Seid Froh!-Botschaft“ in eine „Seid Fröhlich!-Botschaft“ abzudriften.

Wäre ich der einzige Mensch auf der Welt – Jesus hätte alles das dennoch erlitten, um meine Schuld abzubüßen. Und deshalb, weil es nicht *irgendein* Leiden ist, sondern *mein* Leiden, Leiden für *mich*, darf ich die Augen nicht verschließen. Um meine Dankbarkeit zu diesem Jesus nicht erlahmen zu lassen, um die Größe seiner Tat zu begreifen, um seine Liebe zu erkennen, muss ich sehen, was er erlitten hat.

Das ist es, was wir verlernt haben, was wir nicht mehr begreifen, was unsere Kreuzwegandachten nicht mehr hergeben und was in unserer Kirche nicht mehr gepredigt wird: *Ich* habe verschuldet, was Jesus gelitten. Und obwohl ich es verdient hatte, so zu leiden, hat Jesus es an meiner Stelle getragen – aus Liebe zu mir, freiwillig.

Wir glauben immer noch mehrheitlich, Gott würde uns verzeihen, indem er einmal kurz seufzt und dann sagt: „Na, Kinder, ist schon gut. Ich werde euch halt noch einmal vergeben.“ Und er fügt nicht hinzu: „Aber das ist das letzte Mal!“ Weil er eben nicht anders kann – glauben wir.

Aber dass Gott diese Vergebung etwas kostet, nämlich das entsetzliche Leiden seines Sohnes, das wollen wir nicht wahrhaben.

Kennen Sie den Schmerz, der Sie trifft, wenn jemand, den Sie lieben, Sie schamlos ausnutzt, Ihre aufrichtige Liebe lächerlich macht und verachtet? Nun, Gott empfindet viel tiefer, denn seine Liebe ist tiefer – und wir nutzen sie trotzdem aus, verachten sie, verhöhnen sie und nehmen seine Angebote zur Versöhnung und Umkehr nicht wirklich wahr.

Könnten wir nur annähernd begreifen, was es für Gott bedeutet, unsere Lieblosigkeiten zu ertragen und seinen Schmerz immer neu in Liebe zu wandeln, wir würden eher sterben wollen, als noch einmal zu sündigen.

Gott hat lieber sterben wollen, als uns in der Sünde zu belassen.

… ist das denn biblisch?

Natürlich ist das, was ich hier im einzelnen ausgeführt habe, in eine bilderreiche Sprache gekleidet. Der „Spiegel der Gerechtigkeit" ist nicht wirklich ein Spiegel, sondern Gott selbst, in dessen „Angesicht" wir selbst „getroffen werden" von dem, was wir getan haben – usw. Aber der Kern dessen, was ich geschrieben habe, ist biblisch:

Die Erlösung aller Menschen – wirksam durch Glauben:
Römer 3,23: *Alle haben gesündigt und die Herrlichkeit Gottes verloren. Ohne es verdient zu haben, werden sie gerecht, dank seiner Gnade, durch die Erlösung in Christus Jesus. Ihn hat Gott dazu bestimmt, Sühne zu leisten mit seinem Blut, Sühne, wirksam durch Glauben. So erweist Gott seine Gerechtigkeit durch die Vergebung der Sünden, die früher, in der Zeit seiner Geduld, begangen wurden …*

Das Gericht ist wie ein Licht auf unsere Taten:
Johannes 3,18–21: *Wer an ihn (Jesus) glaubt, wird nicht gerichtet; wer nicht glaubt, ist schon gerichtet, weil er an den Namen des einzigen Sohnes Gottes nicht geglaubt hat. Denn mit dem Gericht verhält es sich so: Das Licht kam in die Welt, und die Menschen liebten die Finsternis mehr als das Licht; denn ihre Taten waren böse. Jeder, der Böses tut, hasst das Licht und kommt nicht zum Licht, damit seine Taten nicht aufgedeckt werden. Wer aber die*

Wahrheit tut, kommt zum Licht, damit offenbar wird, dass seine Taten in Gott vollbracht sind.

Vom bleibenden Rest, der zu tragen ist:
Matthäus 11,28–30: *Kommt alle zu mir, die ihr euch plagt und schwere Lasten zu tragen habt. Ich werde euch Ruhe verschaffen. Nehmt mein Joch auf euch und lernt von mir; denn ich bin gütig und von Herzen demütig; so werdet ihr Ruhe finden für eure Seele. Denn mein Joch drückt nicht, und meine Last ist leicht.*

Redet vom Gekreuzigten:
1 Korinther 1,22–24: *Die Juden fordern Zeichen, die Griechen suchen Weisheit. Wir dagegen verkündigen Christus als den Gekreuzigten: für Juden ein empörendes Ärgernis, für Heiden eine Torheit, für die Berufenen aber, Juden wie Griechen, Christus, Gottes Kraft und Gottes Weisheit.*

C. S. Lewis hat in seinem ersten Band der „Chroniken von Narnia" ebenfalls eine Erklärung für Erlösung versucht. Lewis verwendet aber nicht das Bild der *Gerechtigkeit als Spiegel,* sondern den *Teufel als Ankläger:* Bei ihm ist es die „weiße Hexe", die den Verräter Edmund fordert – zu Recht, denn Edmund hat sich auf einen Pakt mit der Hexe eingelassen. Aslan (der an der Stelle Jesu steht) gewinnt Edmund frei, indem er sich selbst als Opfer anbietet.

Auch wenn dieses Bild auf den ersten Blick wie ein ganz anderes Konzept zur Erlösung aussieht, sind sich beide sehr ähnlich: Immer ist es die Gerechtigkeit, die vom Sünder die Strafe fordert – in meinem oben genannten Bild ist es das Prinzip der Gerechtigkeit, das wie ein Spiegel auf mich zurückwirft, was ich getan habe; bei Lewis ist es kein Prinzip, sondern die Person des Teufels, die verlangt, dass ich das tragen muss, was ich verbockt habe.

Andere Akzente

Es gibt in der Theologie (auch in Schulbüchern und Predigten) zahlreiche Versuche, diese tiefe Bedeutung von Erlösung auszublenden. Die Frage, warum Jesus denn am Kreuz gestorben ist, wird dann mit anderen Akzenten beantwortet: „Durch sein Leiden hat Jesus uns die unendliche Liebe Gottes geoffenbart, die alles erträgt." – „Jesus hat uns ein Beispiel gegeben, wie wir auch füreinander sterben sollen!" – „Jesus musste sterben, weil jeder Gerechte leiden muss. Damit ist seine Gerechtigkeit besiegelt worden!" – „Jesus hat durch sein Leiden den verhärteten Herzen der Juden ein Chance gegeben, sich ihm zuzuwenden."

Der Tod Jesu wird manchmal gedeutet …

… als Offenbarung der Liebe Gottes: Diese Antworten sind – ich betone es ausdrücklich – nicht falsch. Jesus hat uns tatsächlich seine Liebe geoffenbart, indem er für uns gelitten hat. Aber nicht so, wie es vielleicht pubertierende Jugendliche tun, die ihrer Geliebten die Liebe beweisen, indem sie über glühende Kohlen gehen. Leid für sich genommen mag Liebe bekräftigen – ist aber letztlich immer ein sinnloses Leid. Nein, nur weil Jesus durch sein Opfer uns gerettet hat, ist sein Tod am Kreuz Liebesbeweis und zugleich Erlösung.

… als Beispiel für uns: Jesus hat uns auch ein Beispiel gegeben: „Ertragt auch das ungerechte Leid, nur so besiegt ihr den Kreislauf der Gewalt." Das ist auch korrekt. Aber eigentlich bleibt diese Hoffnung auf ein Ende der Gewalt eine irdische Hoffnung – keine jenseitige. Was hat derjenige davon, der sein Leben hingibt, um hier eine bessere Welt zu erreichen – wenn er sie nicht mehr erlebt?

Außerdem macht es wenig Sinn, wenn wir jetzt alle zu Pazifisten werden und – wie Jesus – Unrecht erleiden und kein

Wort des Widerspruchs mehr erheben. Passivität ist keine Tugend. Vielmehr ist Jesus nicht passiv gestorben – Johannes betont es ganz ausdrücklich:

Johannes 10,17: *Deshalb liebt mich der Vater, weil ich mein Leben hingebe, um es wieder zu nehmen. Niemand entreißt es mir, sondern ich gebe es aus freiem Willen hin. Ich habe Macht, es hinzugeben, und ich habe Macht, es wieder zu nehmen. Diesen Auftrag habe ich von meinem Vater empfangen.*

... als Anregung zur Bekehrung der Täter: Ja, Jesus will durch sein Beispiel bekehren und uns ein Beispiel geben. Auch wir sollen – wie er – das Leid anderer tragen, um deren Angst vor der Selbsterkenntnis angesichts Gottes zu lindern. Aber letztlich geht es nicht nur darum, die Täter zu bekehren und davon abzubringen, in Zukunft weitere Verbrechen zu begehen – das wäre schlicht zu wenig:

Judas hat sich auch durch die Wehrlosigkeit Jesu bewegen lassen. Er erkannte das Verwerfliche seiner Tat und bereute es. Gerettet war er dadurch aber noch nicht. Vielmehr geht es darum, für die, die bereits Sünden begangenen haben, Leben zu gewinnen: Judas erkannte und bereute – aber er sah keine Möglichkeit, sich vom Makel der Sünde zu befreien, und wählte die Konsequenz, vor der Jesus ihn eigentlich bewahren wollte. Es geht also nicht nur um Erkenntnis (die Judas ja durchaus hatte – wenn auch zu spät), sondern um stellvertretende Sühne (die Judas nicht glauben wollte).

Damit sind wir bei einem letzten Punkt unseres Gedankenganges – allerdings bei einem sehr wichtigen Punkt. Denn gerade Judas zeigt uns, dass bei allem, was Jesus für uns getan hat, der Sünder immer noch die Freiheit hat, dieses Liebesopfer Jesu abzulehnen.

Die Freiheit, nein zu sagen – auch zu Gott

Kommen wir noch einmal auf den *Spiegel der Gerechtigkeit* zurück – also auf die Tatsache, dass wir im Angesicht Gottes erkennen und erleiden, was wir sind und was wir getan haben. Jesus bewahrt uns durch sein stellvertretendes Leiden davor, an dieser Reflexion zugrunde zu gehen. Das nimmt uns aber nicht die Möglichkeit, von vornherein der Anschauung Gottes aus dem Weg zu gehen – so wie Judas es tat. Vielleicht traut auch Adolf Hitler dem Versprechen Jesu nicht, auch für dessen Sünden gestorben zu sein – und wagt sich erst gar nicht in das Licht Gottes.

Letztlich ist also entscheidend für meine Fähigkeit, Gott gegenüberzutreten, mein Vertrauen in die Zusage Jesu, uns vor dem Gericht zu retten.

Und dieses Vertrauen – das ist der entscheidende Punkt – kann nur wachsen, wenn ich es schon jetzt praktiziere. Mein gelebtes Vertrauen, mein Einüben in eine lebendige, demütige Jesus-Beziehung, ist die Grundlage für mein Heil. Denn wir werden nicht erst im Jenseits Gott schauen – wir leben ja auch schon hier in der Anschauung Gottes, wenn auch noch nicht unverhüllt.

1 Korinther 13,12: *Jetzt schauen wir in einen (Blech-)Spiegel und sehen nur rätselhafte Umrisse, dann aber schauen wir von Angesicht zu Angesicht. Jetzt erkenne ich unvollkommen, dann aber werde ich durch und durch erkennen, so wie ich auch durch und durch erkannt worden bin.*

Aus meiner eigenen Erfahrung als Seelsorger weiß ich, dass es zwei Gründe gibt, die Vergebung Gottes nicht in Anspruch zu nehmen: entweder weil ich glaube, keine Vergebung nötig zu haben („Bin ich wirklich so schlecht?") – oder die Vermutung, keiner, nicht einmal Gott könne eine solche Schuld vergeben. Menschen, die letzteres von sich annehmen, leben – nicht nur bildlich – in der Hölle.

Aber auch die, die sich einreden, keine nennenswerte Sünde begangen zu haben, wissen eigentlich, dass sie sich etwas vormachen, und gehen allem aus dem Weg, was Licht in die dunkle Seite ihres Lebens bringt. Schließlich läuft beides darauf hinaus, dass entweder die Gerechtigkeit oder die Barmherzigkeit Gottes unterschätzt wird.

Das Opfer Jesu annehmen – „sonst bringt es nichts"

Es reicht nicht, Jesus sein Opfer vollbringen zu lassen. Ich muss es auch annehmen und darauf vertrauen. Erst wenn ich gewiss bin, dass Jesus die Macht und die Liebe hat, mich zu erretten, werde ich mich für die lichtvolle Gemeinschaft mit Gott entscheiden. In der evangelikalen Szene besteht dieses „Annehmen" in einem bewussten Akt des Anvertrauens – beispielsweise in einem Gebet. Die Taufe ist dann nur noch ein äußeres Zeichen dafür.

In der katholischen Kirche geschieht das „Annehmen" und „Einverleiben" dessen, was Jesus getan hat, in den Sakramenten; vor allem in der Taufe, der Eucharistie und der Beichte. Und durch die Kirche selbst.

Diese Sicht der Dinge wirft ein neues Licht auf all das, was wir in der Kirche kennen, aber nicht wirklich verstehen. Mit diesem Erlösungsgedanken im Hinterkopf (oder besser: im Herzen) lohnt sich ein jetzt klarerer Blick auf die Beichte.

II. DIE BEICHTE – DIE WAHRE TAUFERNEUERUNG

Erlösungsannahme durch Taufe – Eucharistie – Beichte

Rekapitulieren wir: Jesus stirbt am Kreuz und zahlt dadurch den Preis, den wir eigentlich entrichten müssten: Wir werden von der Verpflichtung (= Schuld), unsere Sünden wiedergutzumachen, „erlöst".

Durch die Taufe wird nun das, was Christus am Kreuz erworben hat, vom Taufbewerber angenommen. Während das Kreuzesopfer Jesu ein *Angebot* der Erlösung an jeden einzelnen Menschen ist, werden wir wirklich erst wie Christus – wir sterben mit ihm und gewinnen ein neues Leben – durch die Taufe.

Somit ist die Taufe das einzige wirklich „heiligmachende" Sakrament. Was Jesus am Kreuz getan hat, nehmen wir an, indem wir uns taufen lassen.

Aber dieses neue Leben (manche sagen: Gnadenleben) braucht, wie auch unser irdisches Leben, Nahrung. Das in der Taufe geschenkte Leben wird erhalten durch die Eucharistie – dort werden wir immer wieder durch den Empfang des Leibes Christi selbst zu Leib Christi. Das ist nichts anderes als Sündenvergebung und damit Kern und Zentrum unseres Glaubens.

Dieses neugewonnene Leben der Taufe ist also gefährdet: auf der einen Seite durch Mangelernährung (also durch seltenen oder unwirklichen Empfang der Eucharistie), auf der anderen Seite aber auch durch bewusste Abkehr von Gott und Rückkehr zu einem gottlosen Leben – so, als ob es die Taufe nicht gegeben hätte.

Die liebevolle Beziehung, die Gott in der Taufe zu uns geknüpft hat, wird verletzt oder aufgegeben. Dabei ist es nicht Gott, der einen Rückzieher macht – sondern der Mensch. Er verkrümmt sich wieder in sich selbst. Um sich wieder ganz auf Gott einzulassen, bedarf er der erneuten Hilfe Gottes – und Gott ist so großzügig, uns diese Hilfe in der Form eines Sakramentes zu gewähren: der Beichte.

Die Beichte ist somit im eigentlichen Sinne eine „Tauferneuerung“ – oder, wie Papst Benedikt es formulierte, wie eine „zweite Taufe.“

Formen der Vergebung der Sünden

Wer sich in einer Beziehung – zum Beispiel einer Liebesbeziehung – versündigt, das heißt wer diese Beziehung stört, kann auf vielerlei Arten wieder das Band der Liebe stärken: Er kann reden – oder Rosen kaufen, einen Liebesdienst verrichten (indem er zum Beispiel die Spülmaschine einräumt oder das Auto wäscht), oder der Geliebten zuliebe auf etwas verzichten – zum Beispiel auf das Fußballendspiel mit den Kollegen und statt dessen mit zum Geburtstag der Schwiegermutter fahren.

Ähnliches gilt auch für Gott: Wenn ich mich Gott gegenüber leichtsinnig, gedankenlos oder absichtlich lieblos und desinteressiert verhalten habe, kann ich beten, Taten der Liebe verrichten, Opfer bringen, um Verzeihung bitten, Fasten und Verzichten oder andächtig und demütig die Kommunion empfangen.

Wenn ich mich meinem Ehepartner gegenüber allerdings so schwer versündigt habe, dass ich das, was ich getan habe, gar nicht wiedergutmachen kann, bin ich auf die großherzige Verzeihung meines Geliebten angewiesen. Wer zum Beispiel fremdgegangen ist, kann das durch demütiges Schuheputzen nicht wettmachen. Da heißt es schlicht: „*Rien ne va plus*“ – nix geht mehr. Es bleibt nur noch, um Verzeihung zu bitten – und demütig darauf zu warten, dass mir diese Verzeihung aus reiner Großherzigkeit gewährt wird.

Warum Beichten? Geht's nicht auch anders?

Immer dann, wenn Gott mir etwas gewährt, was ich nicht aus mir selber heraus empfange, sondern von *ihm* – und das zudem notwendig für mein Heil ist –, hat Gott dafür die Form des Sakramentes gewählt. Ein Priester leiht Gott die Stimme, um mir auf meine Bitte um Verzeihung zu antworten. Gott hält das für die angemessene Form – die Kirche stimmt dem zu, und Sie werden vermutlich, wenn Sie in diesem Büchlein gelesen haben, ähnlich denken.

Natürlich können wir auch in der Beichte demütig um Verzeihung bitten, wenn wir uns keiner schweren Beziehungsstörung bewusst sind. Ein sehr löblicher Vorsatz: sowohl für meine Beziehung zu Gott als auch für jede Beziehung zu den Menschen. Das werden wir noch weiter ausführen.

Aber notwendig, ja: unverzichtbar für mein Leben mit Gott, ist die Beichte vor allem dann, wenn ich sehnsüchtig darauf hoffe, dass Gott mir verzeiht, was ich selbst nicht gutmachen kann.

Beichte ist Beziehungserneuerung

Was ist eine Sünde?

Es mag Sie überraschen: Aber „Sünde“ hat zunächst nicht soviel mit Moral zu tun. Es geht bei der Beichte nicht in erster Linie um Ihr moralisches Verhalten – und logischerweise auch bei der Beichtvorbereitung nicht um eine moralische Innen-Revision.

Es geht um Ihre Gottesbeziehung. Sie gehen in der Beichte zu Gott, um Ihre Beziehung zu ihm zu erneuern, auszuräumen, was im Wege steht, und Ihre Liebe zu ihm zu festigen. Die erste und wichtigste Frage ist also: Wie steht es um Ihr Verhältnis zu Gott?

Stellen Sie sich vor, Sie merken, wie Ihre Freundschaft zu einem bestimmten Menschen immer langweiliger, routinierter und uninteressanter wird. Da nehmen Sie auch nicht als erstes das Büchlein „Zehn Regeln für eine gelungene Freundschaft" zur Hand und kontrollieren, ob Sie sich in jeder Hinsicht gut verhalten haben. Selbst, wenn Sie zum Schluss kommen: „Ich habe alle zehn Regeln eifrig und gewissenhaft befolgt", bleibt Ihre Beziehung zu diesem bestimmten Menschen wie sie ist: erneuerungsbedürftig.

So fragen Menschen, die mit der Beichte konfrontiert werden, oft als erstes nach ihrem Sündenregister – und sind der Meinung, dass doch alles in Ordnung ist, weil sie keinen umgebracht haben – niemand betrogen und niemanden verprügelt. Sie gehen die Liste der *„Zehn Regeln für eine gelungene Gottesbeziehung"* durch – die Zehn Gebote –, anstatt sich an den zu wenden, um den es eigentlich geht: Gott.

Wenn Sie eine Beziehung erneuern wollen, dann fragen Sich sich als erstes: *„Was kann ich dir Gutes tun?"* Sie wollen wieder etwas beginnen, was Sie in dieser Beziehung vernachlässigt haben. Sie suchen nicht nach Fehlern, sondern nach positiven Anknüpfungspunkten.

Sünde ist also in erster Linie nicht eine Verletzung von Regeln, sondern eine Beziehungsstörung. Regeln beobachten und überprüfen ist nur ein Weg, diese Störung zu entdecken. Der schönere Weg ist, sich neu zu verlieben.

Die Beichte: Sie begegnen Gott

Viele, die das Wort „Beichten“ hören oder auch tatsächlich beichten gehen, glauben, dass es sich dabei um ein Ritual handelt – so ähnlich wie das Händewaschen oder das Duschen. Sie überlegen lange, alles richtig zu machen, und lernen Formeln, Sündenregister und Abläufe.

Dabei geht es in der Beichte um nichts weniger als um eine Gottesbegegnung. Wo immer Sie beichten (meistens wird es ja der Beichtstuhl sein – zur Architektur dieses Möbelstückes siehe im nächsten Kapitel „Beichte für Anfänger“), Sie betreten sozusagen das Bundeszelt Gottes, das Allerheiligste, in dem Gott auf Sie wartet.

Eine Beichte lebt also nicht von der richtigen Wortwahl, sondern von Ihrer Liebe zu Gott.

Eine biblische Grundlage der Beichte

In einer Szene aus dem Neuen Testament zeigt sich die Schönheit der Beichte in besonderem Maße:

Als sie gegessen hatten, sagte Jesus zu Simon Petrus: Simon, Sohn des Johannes, liebst du mich mehr als diese? Er antwortete ihm: Ja, Herr, du weißt, dass ich dich liebe. Jesus sagte zu ihm: Weide meine Lämmer! Zum zweiten Mal fragte er ihn: Simon, Sohn des Johannes, liebst du mich? Er antwortete ihm: Ja, Herr, du weißt, dass ich dich liebe. Jesus sagte zu ihm: Weide meine Schafe! Zum dritten Mal fragte er ihn: Simon, Sohn des Johannes, liebst du mich? Da wurde Petrus traurig, weil Jesus ihn zum dritten Mal gefragt hatte: Hast du mich lieb? Er gab ihm zu Antwort: Herr, du weißt alles; du weißt, dass ich dich liebhabe. Jesus sagte zu ihm: Weide meine Schafe! (Johannes 21,15–18).

Am Boden brennt ein Kohlenfeuer, an dem Jesus und Petrus sitzen. Das letzte Mal, als Petrus an einem Kohlenfeuer saß, hat er Jesus dreimal verleugnet (Johannes 18,18). Jetzt ist es an der Zeit, dass Petrus seine Sünde beichtet.

Aber Jesus fragt nicht nach der Sünde: „Wieso hast du das getan? Versprichst du, es nicht wieder zu tun?" –, sondern fragt einfach nach der Liebe seines Apostels. Dreimal – damit Petrus auch genau weiß, warum Jesus fragt. Und als Petrus es endlich begreift, heißt es: „Da wurde Petrus traurig ..." Erkenntnis stellt sich ein – und Reue. Das tut weh. Aber Petrus schaut tiefer, und er erkennt, dass diese Reue nichts anderes ist als Liebe – und er bekennt dem Herrn: Ja, ich liebe dich!

Und schließlich schauen beide nach vorn: „Weide meine Schafe!" Die Sünden werden nicht analysiert – sie sind vergeben. Jetzt ist die Frage: Was bist du bereit zu tun?

Das ist Beichte.

Die Gewissenserforschung: drei Stufen der Schönheit

1. Stufe: Ich wache aus der Gedankenlosigkeit auf

Wenn Sie beichten möchten, dann müssen Sie sich erst einmal Gedanken machen, was Sie überhaupt beichten wollen. Und damit beginnt schon der erste und wichtigste Schritt zu innerer Schönheit.

Das größte Problem heutzutage ist nämlich die Gedankenlosigkeit. Nicht nur, weil wir damit großen Schaden anrichten: Weil wir unaufmerksam sind; das nötige Feingefühl vermissen lassen; weil wir nicht merken, wenn andere leiden oder unsere Hilfe brauchen; weil wir durch Gedankenlosigkeit die Natur zerstören oder Menschen vernichten. Auch nicht deshalb, weil wir uns damit der Höhen und

Tiefen unseres Lebens berauben, weil wir gar nicht merken, wie kostbar bestimmt Augenblicke sind; weil wir die Tragik oder Schönheit der Welt, der Menschen und der Natur nicht mitbekommen. Nein, das sind nicht die schlimmsten Auswirkungen der Gedankenlosigkeit. *Das Schlimmste an der Gedankenlosigkeit ist, dass wir uns damit selbst um das Glück schlechthin bringen.*

Das größte Problem der Menschen zu allen Zeiten ist die eigene Schlechtigkeit (oder Sündhaftigkeit). Darunter haben die Menschen zu allen Zeit mehr gelitten als unter Hungersnöten oder Armut. In allen Religionen haben die Menschen versucht, dagegen ein Mittel zu finden: Da wird geopfert, was das Zeug hält - Erstlingsgaben, Essen, Tiere und manchmal sogar Menschen. Da wird gereinigt, gewaschen und gesäubert, vorwärts und rückwärts. Da werden Rituale erfunden, um sich von den bösen Geistern zu befreien.

Das ist der eigentlich Grund einer jeden Religion: Wir sehnen uns nach Erlösung. Nicht nach Erlösung von den Naturkatastrophen, Erlösung von den bösen Nachbarn oder von Pickeln. *Die tiefste Sehnsucht ist die Erlösung von der eigenen Schlechtigkeit und Gottferne.* Und das höchste Glück eines jeden Menschen ist das Bewusstsein, etwas richtig gemacht zu haben. Trotz aller widrigen Umstände gut gewesen zu sein. Oder einen Menschen gefunden zu haben, der uns gut behandelt hat.

Und die Gedankenlosigkeit bringt uns um die Erkenntnis, ob unser eigenes Handeln gut ist oder nicht. Wer sich darin abgestumpft hat, beginnt, vor sich hin zu vegetieren. Mögen wir auch noch so beschäftigt sein und erfolgreich - wir verlieren das Glück, wenn wir Gut und Böse nicht mehr bemerken.

2. Stufe: Ich gestehe meine Sünden ein

Menschen, die Fehler haben, sind unangenehm. Aber noch schlimmer sind Menschen, die das noch nicht einmal merken.

Ich kann Ihnen Beispiele ohne Ende nennen, in denen das Verhalten eines Menschen an sich gar nicht so schlimm ist; aber gerade durch die Tatsache, dass derjenige überhaupt nicht merkt, was er tut, und deshalb seine Grenzen nicht kennt, wird diese Person zur Nervensäge.

Sie werden also nicht erst dadurch sympathisch, dass Sie perfekt sind (das ist keiner außer Gott, und das erwartet auch keiner von Ihnen – noch nicht einmal Gott). Sondern attraktiv und sympathisch werden Sie schon dadurch, dass man Ihnen Ihr Wissen um Ihre Fehler und Schwächen anmerkt. Im allgemeinen schämt sich keiner gerne (manche werden allein schon deshalb rot, weil sie sich so davor schämen, rot zu werden) – aber gerade das weckt Zuneigung und Nähe.

Das gilt auch für Gott: Er erwartet keine Perfektion. Aber er will Sie auch davor bewahren, dass Sie sich einfach mit Ihren Fehlern arrangieren und abfinden: „Ich bin nun mal so, wie ich bin … Wenn du es nicht haben kannst, dass ich gerne lüge, dann such dir doch eine andere Freundin." – So wird das nichts, mein Freund.

Wenn Sie wirklich Gott neu lieben möchten, dann sollten Sie ihm so sehr vertrauen, dass Sie keine Ausflüchte und Beschönigungen mehr brauchen. Sagen Sie Gott einfach, wie es ist: „Ich habe Mist gebaut." – Dafür liebt Gott Sie!

3. Stufe: Ich nehme Hilfe an

Während Stufe eins und zwei der Gewissenserforschung noch jedem Menschen, auch den absolut unreligiösen Zeitgenossen einleuchtet und möglich ist, unterscheidet der dritte Schritt den Christen von allen anderen.

Nachdem ich erstens angefangen habe, mich mit den Augen Gottes zu betrachten, und ich mir zweitens meiner Fehler bewusst bin, stellt sich nun drittens die Frage: Wie kann ich mich ändern? Woher kommt mir Hilfe?

Es bietet sich natürlich zunächst an, sich in der eigenen Disziplin zu üben. Oder eine Selbsthilfegruppe zu besuchen. Vielleicht gibt es auch eine neuartige Therapie – so nach dem Motto „Abnehmen und schlank werden – ganz ohne hungern!“ (ziemlich unglaubwürdig). Oder ich lese ein Buch „Positiv denken“ oder rede mir ein „Du bist o.k. – ich bin o.k.“. Vielleicht kann mir auch jemand die Karten legen und mir sagen, wie alles wieder gut wird – oder ich gebe einfach auf, lege mich ins Bett und steh' nicht mehr auf. „Wer schläft, sündigt nicht.“

Der Christ hält von alledem zunächst nichts. Zunächst sucht der Christ Hilfe bei Gott. Wenn es darum geht, gesund zu werden, brauchen wir Medizin. Wenn ich ein psychisches Problem habe, eine Therapie. Wenn ich groß und stark werden will, muss ich eifrig Fruchtzwerge essen; für weiße Zähne nehme ich die entsprechende Zahnpasta. Aber um ein moralischer Mensch zu werden – ein Mensch, der gut ist? Da hilft nur einer, der selbst „der Gute“ ist: Gott.

Der Christ ist kein besserer Mensch als der Nichtchrist. Der Christ wird dadurch zum Christen, dass er die Hilfe, die andere Menschen innerhalb dieser Welt suchen, von Gott erbittet.

Gut werde ich nur durch Gott. Durch sonst nichts. Das glauben wir Christen – wir sind von der homöopathischen Wirkung Gottes felsenfest überzeugt. Und deshalb gehen wir mit unseren Sünden zunächst zu Gott. (Danach kann man dann immer noch mit der Disziplin oder der Schlankheitstherapie beginnen – aber die ist dann, dank der Gnade Gottes, gar nicht mehr sooo schwer – oder vielleicht sogar nicht mehr nötig.)

Entschuldige ich mich in der Beichte?

Im Grunde ist eine „Entschuldigung" die Feststellung, dass keine Schuld vorliegt. (Der Schüler entschuldigt sich z. B. für seine Fehlzeiten, indem er ein ärztliches Attest vorlegt.) Wer sich entschuldigt, führt Gründe an, die ihn von Schuld freisprechen: „Ich konnte nicht anders", „andere sind schuld", „meine Uhr ist stehengeblieben", „es gab da ein Erdbeben" usw. *Sich entschuldigen* heißt also, Schuld von sich zu weisen.

Wer allerdings tatsächlich einen Fehler gemacht hat und Schuld auf sich geladen hat, kann sich gar nicht entschuldigen.

Diese weitverbreitete Sitte, dennoch nach einem Fehltritt einfach ein „Tschuldigung!" in den Raum zu rufen, ist – genau genommen – eine Unverschämtheit. Wer sich entschuldigt, muss schon gute Gründe anführen, warum er glaubt, unschuldig zu sein.

Wer einen Fehler gemacht hat und Schuld auf sich geladen hat, dem bleibt nichts anderes übrig, als um Entschuldigung *zu bitten*. Eine Bitte, auf deren Erfüllung man allerdings keinen Anspruch hat! Die Erfüllung ist einzig und allein eine Großzügigkeit dessen, an dem man schuldig geworden ist.

Der Geschädigte kann die Bitte um Entschuldigung annehmen und Ihnen „Entschuldigung gewähren". So redet natürlich keiner, aber genau das ist gemeint: Ich nehme dir die Schuld, die du begangen hast, und „entschulde" dich, weil du mich um „Entschuldung" gebeten hast.

Dieser Unterschied zwischen „sich entschuldigen“ und „um Entschuldigung bitten“ ist himmelweit. Denn nur, wer erkennt, dass er wirklich Schuld hat, kann Reue zeigen. Und ohne Reue wird es – nicht zwischen den Menschen, nicht vor dem Staat und vor Gericht; auch nicht vor Gott – keine gnädige Vergebung geben.

Eine Beichte ist also kein Ort, an dem Sie sich mal kurz „entschuldigen“ – sondern der Ort, an dem Sie um Entschuldigung bitten und gnädig Vergebung erfahren – vorausgesetzt, Sie bereuen.

Was ist Reue?

Reue ist so etwas wie „Entsetzen“. Reue erkennt, was Sie angerichtet haben, und fühlt mit dem Geschädigten mit. Reue ist somit immer eine schmerzhafte Reaktion – kein schönes Gefühl; aber sehr heilsam und für jede Bitte um Entschuldigung und vor allem für die Beichte unverzichtbar.

Die Kirche unterscheidet zwei verschiedene Formen von Reue: die unvollkommene Reue und die vollkommene Reue.

Die unvollkommene Reue

Wenn Reue meint, dass man erkennt, was man getan hat, und mit dem Geschädigten mitfühlt – dann ist die unvollkommene Reue eben nur ein bruchstückhaftes Erkennen und ein halbherziges Mitfühlen. Aber besser begreift man die Unvollkommenheit, wenn ich ein paar Beispiele bringe:

„Oh Gott – jetzt habe ich meine Freundin gerade für meine letzte Lüge um Entschuldigung gebeten – und jetzt habe ich sie schon wieder belogen. Ich habe es aber satt, mich ständig zu entschuldigen!" (Vollkommen wäre es, wenn Sie nicht daran den lästig das für Sie ist – sondern wie gemein das Ihrer Freun gegenüber ist!)

„Oh nein – ich bin schon wieder mit 80 km/h in der geschlossenen Ortschaft geblitzt worden! Langsam wird mir das aber zu teuer!" (Vollkommen wäre die Reue, wenn Sie erkennen, wie gemeingefährlich es ist, mit 80 durch ein Wohngebiet zu fahren – ganz unabhängig davon, ob Sie geblitzt werden oder nicht.)

„Ich verstehe nicht, warum du dich so aufregst. Aber ich will nicht, dass du dich verletzt fühlst!" (Vollkommen wäre es, wenn Sie nicht nur das Gefühl von Verletzung vermeiden wollen, sondern den Grund für dieses Gefühl – Ihr Fehlverhalten.)

„Oh, verdammt! Jetzt habe ich gerade gebeichtet, und schon wieder geflucht! Dabei habe ich mich gerade so gut gefühlt!" (Vollkommen wäre Ihre Reue, wenn Sie nicht danach fragen, wie Sie sich fühlen, sondern wie Gott von Ihnen behandelt wird!)

„Ach, das tut mir aber leid, dass ich dich so enttäuscht habe. Ich habe nicht gewusst, daß ..." (Vollkommen wäre die Reue, wenn Sie sich auch fragen, ob Sie es hätten wissen können. Vielleicht liegt Ihre Schuld darin, nicht genug gefragt – mitgedacht – mitgefühlt zu haben.)

Die Kirche hat immer daran festgehalten, dass für die Vergebung der Sünden in der Beichte die unvollkommene Reue reicht. Damit ist sie großzügiger, als wir es meistens sind – wir vergeben nur ungern, wenn wir nicht Anzeichen einer wirklichen Reue sehen. Aber – wie kommt die Kirche dazu? Geht sie nicht etwas zu lasch mit der Gnade Gottes um?

Nein, die Kirche steht damit fest auf biblischem Grund. Im Gleichnis vom „Verlorenen Sohn" (besser: vom „Barmherzigen Vater") heißt es:

Lukas 15,14–20: *Als er alles durchgebracht hatte, kam eine große Hungersnot über das Land, und es ging ihm sehr schlecht. Da ging er zu einem Bürger des Landes und drängte sich ihm auf; der schickte ihn aufs Feld zum Schweinehüten. Er hätte gern seinen Hunger mit den Futterschoten gestillt, die die Schweine fraßen; aber niemand gab ihm davon.*

Da ging er in sich und sagte: Wie viele Tagelöhner meines Vaters haben mehr als genug zu essen, und ich komme hier vor Hunger um. Ich will aufbrechen und zu meinem Vater gehen und zu ihm sagen: Vater, ich habe mich gegen den Himmel und gegen dich versündigt. Ich bin nicht mehr wert, dein Sohn zu sein; mach mich zu einem deiner Tagelöhner.

Dann brach er auf und ging zu seinem Vater. Der Vater sah ihn schon von weitem kommen, und er hatte Mitleid mit ihm. Er lief dem Sohn entgegen, fiel ihm um den Hals und küsste ihn.

Der Sohn bereut nicht, dass er das Geld des Vaters verschwendet hat, ihm Sorgen bereitet und sich ungerecht verhalten hat – er hat lediglich Hunger. Das ist tatsächlich eine ziemlich unvollkommene Reue – er bereut im Grunde nur den schlechten Ausgang seiner Eskapade.

Aber für den barmherzigen Vater reicht es – er fällt ihm, noch ehe er ein Wort der Reue äußern kann, um den Hals und küsst ihn zum Zeichen der wiederhergestellten Beziehung.

Die vollkommene Reue

Die vollkommene Reue dagegen erkennt und fühlt mit – ohne Vorbehalte. Wirklich vollkommen können wir nicht erkennen (das kann nur Gott), deshalb sprechen auch einige geistliche Autoren von der „Liebesreue" („lieben" und „erkennen" ist im Hebräischen das gleiche Wort – und eigentlich auch der gleiche Sachverhalt). Ich bereue etwas, nicht aus Angst vor Strafe oder negativen Folgen für mich – sondern aus Liebe zu dem, den ich geschädigt habe.

Warum diese Unterscheidung?

Da jede Sünde eine Beziehungsstörung ist – beziehungsweise der Tod einer Beziehung –, ist die Liebesreue bereits die Wiederherstellung der Beziehung. Wer liebt – vorbehaltlos und ohne eigennützige Absichten –, der hat die schlimmste Folge der Sünde bereits überwunden. Deshalb sprechen die geistlichen Autoren auch davon, dass die *vollkommene* Reue (also die Liebesreue) jede Sünde Gott gegenüber augenblicklich vergibt.

Allerdings sollten wir mit der Liebesreue auch die Absicht verbinden, baldmöglichst beichten zu gehen. Zum einen, weil wir uns nie so ganz sicher sein können, ob unsere Reue wirklich vollkommen ist – und zum anderen aus Liebe zu Christus, der uns dieses Sakrament geschenkt hat. Deshalb spricht die Kirche auch davon, dass die Liebesreue nur dann alle Sünden augenblicklich vergibt (inkl. der Todsünden), wenn sie mit der festen Absicht verbunden ist, bei der nächsten Gelegenheit das Sakrament der Beichte zu empfangen.

Die *unvollkommene* Reue dagegen führt erst dann zu einer wirklichen Vergebung durch Gott, wenn sie von Gott – gnädigerweise – angenommen wird. Gott schenkt uns diese Gnade gerne; aber er möchte darum gebeten werden.

Das ist wichtig! Darum wiederhole ich mich gerne: Für die Beichte reicht auch die unvollkommene Reue aus. Das macht die Beichte so genial. Während wir im Gebet oft grübeln, ob die Reue wirklich ausreicht oder vielleicht nur eingebildet ist, ist eine Beichte auch dann gültig (und wirksam!), wenn die Reue nur im Ansatz vorhanden ist. Das nennt man „Gnade“!

Warum Gott die Sünden sagen?

„Ich beichte Gott meine Sünden". Das klingt ziemlich behämmert. Warum jemanden etwas sagen, was er schon weiß? Und warum reicht es nicht, sich direkt mit dem Geschädigten (z. B. meinem Nachbarn) zu versöhnen?

Wer um Verzeihung bittet, sagt: „Ich liebe dich"

Nun, unsere Sprache hat nicht nur den Sinn, Informationen auszutauschen. Gott über irgend etwas zu informieren, wäre tatsächlich überflüssig.

Unsere Sprache hat noch viel mehr Bedeutungen. Die schönste davon ist es, einander seine Gefühle auszudrükken (auch, wenn der andere es schon weiß), Beziehung am Leben zu erhalten und zu kräftigen. Die schönste Form der Sprache aber ist es, „Ich liebe dich" zu sagen.

In der Beichte informieren Sie Gott nicht über Ihre Sünden. Sondern Sie bekennen sich zu dem, was Sie getan haben – und, weil Sie es ausgerechnet Gott sagen –, bekennen Sie sich trotz Ihrer Sünden zu Gott. Eigentlich gilt das für jede Beziehung: Wer sagen kann „Ich habe dich nicht genug geliebt" macht damit eine der schönsten Liebeserklärungen.

Der Sänger von Pur singt zum Beispiel: „Ich habe gut und gerne fünf Kilo Übergewicht, eine krummes Ding namens Nase ziert mein Gesicht – und wie ich an eine Frau wie dich komm, weiß ich nicht." – Jede Liebe lebt in der Überzeugung, unverdient zu sein. Auszudrücken, dass man diese Liebe nicht verdient, ist eine Liebeserklärung – auch, wenn es wie eine Beichte klingt.

Das also ist das Sündenbekenntnis: eine Liebeserklärung.

Wer um Verzeihung bittet, wird frei

Aber die Sprache hat noch mehr Funktionen. Wer seine Sünden bekennt und ausspricht, der gibt sie ab.

Sprache hat tatsächlich die Funktion, „etwas herauszulassen". In einigen Therapien muss ein bestimmter Sachverhalt mehrfach ausgesprochen werden („Lass es raus! Lass deinen Hass, deinen Zorn und deine Wut los!"); in unausgesprochenen Konflikten oder verheimlichter Schuld schwelt ein Feuer, erst wenn man das Problem anspricht, löst sich der Knoten.

In Psalm 32,2–5 heißt es: *Wohl dem Menschen, dem der Herr die Schuld nicht zur Last legt und dessen Herz keine Falschheit kennt. Solang' ich es verschwieg, waren meine Glieder matt, den ganzen Tag musste ich stöhnen. Denn deine Hand lag schwer auf mir bei Tag und bei Nacht; meine Lebenskraft war verdorrt wie durch die Glut des Sommers.*

Da bekannte ich dir meine Sünde und verbarg nicht länger meine Schuld vor dir. Ich sagte: Ich will dem Herrn meine Frevel bekennen. Und du hast mir die Schuld vergeben.

Wer um Verzeihung bittet, erkennt Gott an

„Ich bitte nur jemanden um Verzeihung, dem ich auch etwas angetan habe. Warum Gott meine Sünden beichten – wenn ich doch meinen Freund beleidigt habe?" Und: *„Wenn ich meinen Freund um Verzeihung gebeten habe – warum dann noch beichten gehen und es auch noch Gott sagen?"*

Weil Gott auch enttäuscht ist, wenn ich meinen Freund belüge. Gott liebt ja nicht nur mich, sondern auch die Menschen, an denen ich mich versündige – und sei es nur, dass ich schlecht über andere gedacht habe.

Wenn Mama ihren beiden Söhnen aufträgt: „Seid schön artig, während ich einkaufe! Und nicht schon wieder streiten!“, und dann die beiden Kinder prompt in erbitterten Streit ausbrechen, sich versöhnen und vertragen, bevor Mama wiederkommt – werden die beiden dann nicht auch, weil sie Mama mögen, ihr ohne Not ihren Streit beichten?

Gott ist kein Polizist, der mich nur deshalb bestraft, weil ich eine Regel übertreten habe. Sondern Gott ist der Schöpfer aller Menschen und der Vater aller Christen, der auch mitleidet, wenn ich meinen Mitgeschöpfen Leid antue.

Schwere Sünde – leichte Sünde

Immer wieder werde ich gefragt, was denn eine schwere – und was eine leichte Sünde sei. Nun – eigentlich müssen wir es nicht so genau wissen, wenn wir regelmäßig (z. B. 14tägig) beichten gehen und alle Sünden, die uns bewusst sind, vor Gott bringen. Zu fragen, was davon schwer und was nicht ganz so schwer wiegt, ist dann müßig – und lenkt vom eigentlichen Sinn der Beichte ab.

Interessant wird es erst dann, wenn ich gar nicht regelmäßig beichten gehen *möchte,* sondern nur dann beichten gehe, wenn ich *muss.* Allein schon dieser Gedanke ist eine Perversion des Beichtgeschehens. Anfang des 20. Jahrhunderts haben viele Gläubige die Priester bedrängt, doch bitte genau festzulegen, wo eine leichte Sünde aufhört und eine schwere Sünde beginnt. Im „Beichtbüchlein“ des Münsteraner Professors Jone von 1914 schlägt sich das Entgegenkommen der Priester dann nieder. Zum Beispiel heißt es dort, dass jemand, der Freitag weniger als 60 g Fleisch isst, sicherlich nicht schwer sündigt, dagegen ist es mit Sicherheit eine leichte Sünde, mehr als 20 g Fleisch zu essen.

Es ist aber sicherlich kein Ausdruck einer gelungenen Liebesbeziehung, das Fastenversprechen mit Hilfe einer Briefwaage einzuhalten.

Aber so ist es nun einmal: Wir haben ein gestörtes Verhältnis zum Guten – und so wissen wir manchmal nicht genau, ob das, was wir getan haben, gut, schlecht oder *sehr* schlecht gewesen ist. Die Kirche kommt unserer Frage in ihrer mütterlichen Fürsorge zumindest soweit entgegen, dass sie uns Richtlinien nennt, die uns Schuld und auch schwere Schuld erkennen lassen.

Schwere Sünde

Zunächst gehört zur schweren Sünde die sogenannte *„schwere Materie“*. Das heißt, das Gebot oder das Gut, das wir verletzen, ist keine Nebensache und keine Bagatelle. Sicherlich gehören dazu die Zehn Gebote und die fünf Kirchengebote.

Alle schweren Sünden aufzuzählen ist unmöglich. Auf jeden Fall gehört hierzu aber der Ehebruch, die absichtliche Lüge, Betrug, Mord, Gewalt, Körperverletzung, sexuelle Perversion, Untreue, Geheimnisverrat, üble Nachrede oder Verleumdung, Diebstahl, Drogenmissbrauch, Blasphemie (Gotteslästerung) und Sakrileg (Schändung des Heiligen).

Darüber hinaus muss der Verstoß gegen dieses Gebot *freiwillig, absichtlich und wissend* geschehen sein. „Aus Versehen“ sündigt keiner schwer; ebensowenig, wenn er von einem Gebot gar nichts gewusst hatte oder die Folgen seines Tuns ohne Schuld falsch eingeschätzt hat.

Allerdings sollten wir uns in dieser Hinsicht genau prüfen; denn sehr schnell haben wir Entschuldigungen an der Hand, die wie das Kaninchen aus dem Hut gezaubert sind.

Die Frage ist vor allem, ob wir an dem Zustand der Unwissenheit, der Absichtslosigkeit oder der Unfreiwilligkeit nicht vielleicht selbst schuld sind? (Weil wir zum Beispiel freiwillig zuviel Alkohol getrunken haben …?)

Immanuel Kant hat die Leichtfertigkeit, mit der wir uns einreden, wir könnten nicht anders, mit einem schönen, wenn auch drastischen Beispiel veranschaulicht: Einem jungen Mann, der sagt, dass bei Zusammentreffen bestimmter Bedingungen wie einem Haus, in dessen Schlafzimmer sich sein Liebchen befindet, er nicht anders könne als von seiner Leidenschaft hingerissen zu werden und Handlungen vorzunehmen, die in der Transzendentalphilosophie als „Sauerei" zu bezeichnen sind, antwortet Kant eiskalt: Dann lassen wir alle diese Bedingungen zusammentreffen und vermehren sie um eine, dass nämlich vor dem Haus ein Galgen errichtet sei, an welchem du nach Verrichtung deiner Handlungen sofort aufgeknüpft wirst, dann wollen wir doch einmal sehen, ob du nicht doch anders kannst (Kritik der praktischen Vernunft A 54 – zitiert nach Reinhard Löw).

Ein guter Indikator für eine schwere Sünde ist unser Gewissen. Zu dem, was wir unter Gewissen genau zu verstehen haben, ist allerdings eine eigene Katechese erforderlich. Nur soviel: Wer sein Gewissen regelmäßig bildet, der Kirche in ihren moralischen Vorstellungen folgt, der darf ruhig seinem Gewissen trauen im Urteil über die Schwere einer Schuld.

Eine schwere Sünde richtet sich gegen eine Person oder eine Sache dieser Welt – und gegen Gott. Insofern verlangt eine schwere Sünde fast ausnahmslos eine irdische Wiedergutmachung – und die sakramentale Beichte vor Gott.

Leichte Sünde

Zu dem, was im allgemeinen als „leichte Sünde“ oder veraltet auch als „lässliche Sünde“ bezeichnet wird, brauchen wir dann nicht mehr viel zu sagen. Eine lässliche Sünde ist demnach alles, was zwar Sünde ist, aber eben nicht schwer sündhaft. Mit anderen Worten: Immer dann, wenn wir unwissend (aber unverschuldet unwissend!), unfreiwillig oder in guter Absicht gehandelt haben – oder wenn der angerichtete Schaden oder das übertretene Gebot nur unbedeutend sind, handelt es sich um eine lässliche, das heißt für Ihr Verhältnis zu Gott nicht schwer lastende Sünde.

Dabei gilt der *Grundsatz:* Wenn Sie sich – nach eifriger und aufrichtiger Gewissenserforschung – nicht sicher sind, ob Sie eine leichte oder eine schwere Sünde begangen haben, so nehmen Sie sich zwar vor, sie bei nächster Gelegenheit zu beichten – bis dahin gehen Sie aber davon aus, dass es sich um keine Todsünde gehandelt hat.

Das mag mal wieder sehr „lasch“ klingen. Aber die Kirche hat kein Interesse an einem übertriebenen Sündenbewusstsein – auch wenn der Kirche das immer wieder unterstellt wurde (und noch wird).

Dahinter steckt auch die Erfahrung der Kirche, dass im Zweifelsfall Skrupulanten (Menschen mit übertriebenen Schuldkomplexen) eher gefährdet sind als moralische Phlegmatiker (Menschen mit unterentwickeltem Schuldbewusstsein). Mal ehrlich: Moralische Phlegmatiker sind wir mehr oder weniger alle, oder?

Und noch ein *Ratschlag:* Bevor Sie also schlaflose Nächte haben, ob etwas überhaupt Ihre Schuld war – und wenn, ob nur leicht, schwer oder sehr schwer … gehen Sie einfach beichten! Dann hat sich die Frage erledigt. Das Schöne an einer Beichte ist, dass Sie alles beichten können – auch die

Dinge, die gar keine Sünden gewesen sind. Außerdem ist es doch nett, wenn der Priester Ihnen die erfreuliche Nachricht mitteilt, dass aus seiner Sicht die Hälfte Ihrer Sünden gar keine Sünden sind – das nennt man dann „Frohe Botschaft".

Die Aufgabe des Priester in der Beichte

Genau genommen hat der Priester in der Beichte möglichst *keine* eigene Rolle zu spielen.

Er ist – wie im nächsten Kapitel ausführlicher beschrieben – nur Telefonhörer. Er nimmt Ihr Bekenntnis im Auftrag Gottes entgegen – und richtet Ihnen aus, was er im Auftrag Gottes zu sagen hat. Die schönsten Beichten sind oft sehr kurz – mit Gott plaudern kann man ja auch im persönlichen Gebet.

Aber nicht jeder kann richtig beten. Oft sind es gerade die Sünden, die uns im Gebet mit Gott behindern oder es unmöglich machen. Und nicht jeder möchte „nur" Vergebung der Sünden, sondern braucht vielleicht auch Mut, Zuversicht, Selbstvertrauen und einen guten Rat.

Der Priester als Arzt

Deshalb kann und darf ein Priester auch mehr als nur die Sünden vergeben: Er ist mehr der Arzt, der sich um den Verletzten oder Verwundeten kümmert. Seine erste Medizin ist und bleibt die sakramentale Vergebung – nicht die eigenen Hausmittelchen und selbstgebrauten Heiltropfen.

Aber um die Wirkung der Gnade zu verdeutlichen oder spürbarer zu machen – oder um der Heilkraft der Gnade überhaupt Raum zu geben oder zumindest intensiver wirken zu lassen –, ist der Priester auch mit seinen eigenen

Worten gefragt. Dabei sollte der Priester sich aber weniger von seiner persönlichen Hobby-Psychologie leiten lassen – und auch keine Therapieform nach seinem Namen benennen; der Zuspruch des Priester steht weiterhin ganz unter dem „Telefonhörer-Gedanken“: Es sollte Gott sein, der aus dem Priester spricht.

Deshalb ein *Ratschlag an die Priester:* Nehmt euch zurück und lasst Gott in euch wirken. Vielleicht habt ihr viel Zeit in einen psychologischen Abendkurs gesteckt – deren Früchte vergiften aber eher das Sakrament der Beichte als dass sie es befruchten. Gebt Gottes Geist Raum, indem ihr im Beichtstuhl betet (und nicht im Freudschen Lexikon für Traumdeutung blättert).

Und ein *Ratschlag an die Beichtenden:* Erwartet vom Priester keine Beratung – weder in Ehefragen noch in Konfliktvermeidung. Ein guter Priester ist ein Priester, der euch von Gott erzählt – und euch vermittelt, dass Gott der eigentlich Handelnde im Beichtstuhl ist. Weist den Priester, der euch nach den Wurzeln eurer Sünde in der Kindheit fragt, auf eure eigentliche Absicht hin: „Entschuldigen Sie, Herr Pfarrer, ich wollte eigentlich meine Sünden loswerden – und nicht analysieren.“

Der Priester als Richter

Den Priester als Richter anzusehen, ist in der Theologie oder Katechese nicht sehr populär und wird oft abgelehnt – oder zumindest verschwiegen. Dabei sind es doch meistens die Richter, die in Kino- und Fernsehfilmen die ruhigen väterlichen Figuren sind und die letzte Zuflucht für jemanden, der Gerechtigkeit oder auch mal nur einen Rat sucht (wer das nicht glaubt, der möge sich einfach mal eine Grisham-Verfilmung nach der anderen ansehen. Ich wäre als Beichtvater gerne wie ein Grisham-Richter!).

Die Aufgabe des Richters ist es, Recht zu sprechen. Die Wahrheit zu finden – und dann, wenn alle Voraussetzungen erfüllt sind, das Urteil zu sprechen.

Genau das soll der Priester auch sein: unparteiisch, der Wahrheit verpflichtet. Er darf nicht einfach die „Lossprechung" der Sünden verschenken, wenn zum Beispiel keine Reue oder kein Bekenntnis vorliegt. Er ist nicht einfach nur dem guten Gefühl des „Klienten" verpflichtet, sondern der Wahrheit.

... im Gegensatz zu einem Psychiater. Mal angenommen, jemand glaubt, er wäre Napoleon und kommt zum Psychiater. Dieser gibt ihm den Hinweis, er solle einfach nur so tun, als ob er nicht Napoleon wäre. Einmal angenommen, der Patient könnte damit wunderbar leben – dann ist der Psychiater ein guter Psychiater. Er muss dem Patienten nicht unbedingt die Wahrheit begreiflich machen.

Der Richter hat sich nach den Gesetzen zu richten, die ihm vorgegeben sind. Bei der Beichte sind es die Gesetze Gottes, nach denen der priesterliche Richter handeln soll. Es geht also beim „Richten" um den Willen des göttlichen Gesetzgebers – und dieser Wille lautet: „Vergib!" So ist das „Richten" immer auch ein *„Aufrichten"*.

Zwar bleibt der Priester ein Richter – und kein Karnevalsprinz, der Vergebung unterschiedslos in die Menge wirft. Denn der Richter kann nicht anders, als den göttlichen Gesetzen treuzubleiben. Wer aber die Lossprechung erhält, darf sich sicher sein: Meine Sünden sind vergeben. Ich wurde geprüft und beurteilt, und das Urteil lautet: „Freispruch" aufgrund des Opfers Jesu, der Liebe des Vaters und der Gnade des Heiligen Geistes.

Dieses „Ich spreche dich los!" als richterliches Urteil anzunehmen, ist nicht immer einfach. Viele Menschen können nicht glauben, dass Gott so großzügig ist. Sie können oder wollen nicht wahrhaben, dass ihre Schuld wirklich getilgt und vergeben ist. Diese Menschen daran zu erinnern, dass der Priester eine richterliche Funktion hat, kann sehr wohltuend und heilsam sein: „Wenn er dich freispricht, dann zweifle nicht mehr: dann *bist* du frei!“

Der Priester als Telefonhörer

Vorhin habe ich den Priester in der Beichte mit einem Telefonhörer verglichen – was er hört, ist für die Ohren Gottes bestimmt, und was er sagt, soll er im Auftrag Gottes sagen.

Ich möchte allerdings nicht verschweigen, dass dieser Vergleich hinkt (wie alle Vergleiche) – aus zweierlei Gründen. Zum einen ist das, was der Priester sagt, nicht wörtlich identisch mit dem, was Gott dem Beichtenden sagen will – wenn man einmal von der Lossprechungsformel absieht.

Schließlich bleibt der Priester ein fehlbarer Mensch mit seinen eigenen zum Teil unvollkommenen Ansichten; das gleicht Gott auch nicht aus, indem er den Priester zur willenlosen Marionette macht. Es bleibt also die Aufgabe des Priesters, sich immer wieder neu an Gottes Willen auszurichten und – im Gebet auch während der Beichte – für Gottes Wort zu öffnen. Und es bleibt die Aufgabe des Beichtenden, in den Ratschlägen und Gedanken, die der Priester in der Beichte dem Beichtenden zukommen lässt, das herauszuhören, was Gott ihm in diesem Augenblick sagen will.

Ich bin mir sicher, dass Gott auch durch einen unaufmerksamen Priester spricht, und das manchmal die vom Priester scheinbar unabsichtlich gewählten Formulierungen die genau treffendsten sein können. Gott schreibt auch auf krummen Linien gerade.

Aber der Vergleich mit dem Telefonhörer hinkt noch aus einem zweiten Grund: Denn der Telefonhörer wird durch den Inhalt des Gesprochenen – und dadurch, dass jemand ganz Besonderes durch ihn spricht – nicht verändert. Genau das aber geschieht mit dem Priester.

Der Priester als Rohr der Gnade

Der Priester erfährt selbst durch die Beichte eine große Gnade, der sich der Beichtende oft gar nicht bewusst ist. Denn der Priester als Mensch darf Zeuge eines unbeschreibbaren Liebesgeschehens werden. Wie oft bin ich selbst berührt worden durch die Tränen, die die Beichtenden angesichts der großen Güte Gottes vergossen haben! Kein Mensch ist Zeuge dieses Geschehens zwischen dem Menschen, der Vergebung erlangt, und Gott – nur der Priester.

Welche Gnade ist es, Worte der Liebe zu hören und selber aussprechen zu dürfen! Was für ein Geschenk ist es, wenn der Priester dem Beichtenden sagen kann, dass er nun ganz und gar im Frieden sein darf, dass selbst die schlimmsten Sünden vergeben sind und Gott nichts anderes mehr möchte als zu lieben!

Wenn mir Leute von einem Priester in ihrer Gemeinde berichten, der in seiner Berufung schwankend geworden ist und die Freude am priesterlichen Tun verliert, dann rate ich ihnen gerne und immer wieder, bei diesem Priester beichten zu gehen. Nirgendwo spürt ein Priester soviel Liebe – und nirgendwo anders erfährt er so deutlich, warum er Priester geworden ist.

Deshalb gefällt mir das Bild der Priesters als Rohr, durch das der Strom der Gnade fließt, viel mehr. Denn das Rohr behält von der Gnade, die ja nicht für es bestimmt ist, nichts für sich. Aber das fließende Wasser reinigt das Rohr beständig von Unreinheiten und dem Staub der Nutzlosigkeit.

Ich kann verstehen, wenn Sie für Ihre Beichte einen Priester suchen, der selbst Freude ausstrahlt und einen heiligmäßigen Eindruck macht. Aber welchen Dienst können Sie versehen, wenn Sie mit Ihrer Beichte wankende Priester auf diese sanfte und berührende Art an ihre Berufung erinnern!

Haltungen und Sünde

Es ist wichtig, eine grundsätzlich *Haltung* von der daraus folgenden *Sündentat* zu unterscheiden. Wenn ich beispielsweise ein ungeduldiger Mensch bin – dann ist das eine Schwäche, aber noch keine Sünde. Zur Sünde wird es erst dann, wenn ich aus dieser Haltung heraus meinen Freund beschimpfe, weil er sich nicht an die Uhrzeit gehalten habe (und ihn womöglich nicht zur Wort kommen lasse, obwohl er vielleicht gute Gründe hatte).

Wir alle haben Schwächen und Charaktereigenschaften, die wir als mangelhaft erfahren. Diese Schwächen (zum Beispiel in Mathematik) sind aber keine Sünden – verleiten uns aber gerne dazu (indem wir bei der Klassenarbeit abschreiben – unsere Unfähigkeit leugnen und lügen – auf andere herabschauen, die noch schlechter sind). Dabei sind diese Schwächen oft nicht zu ändern – was wir aber aus den Schwächen heraus *tun,* liegt sehr wohl in unserer Macht.

Eine große, sehr große Anzahl von Sünden können wir vermeiden, indem wir „einfach" zu unseren Schwächen stehen und sie nicht kaschieren, nicht verheimlichen, nicht davon ablenken oder sie rechtfertigen wollen. Okay – so

„einfach" ist das nicht. Es mag sogar sehr „anstrengend" sein – aber es ist genau das Gegenteil von kompliziert. Ein anderer Mensch sein zu wollen – ein Mensch scheinbar ohne Schwächen –, ist dagegen sehr kompliziert (die Sünde ist immer sehr kompliziert!).

In diesen Zusammenhang gehören die sieben „*Todsünden*" – die allerdings fälschlicherweise so genannt werden. Denn hierbei handelt es sich genau genommen um *Haltungen, Schwächen* – oder, wie sie manchmal genannt werden, um *Wurzelsünden*. So wie alle Haltungen stellen die sogenannten Todsünden Versuchungen dar – und nur, wer sich darauf einlässt, sündigt tatsächlich.

Die sieben Hauptsünden sind übrigens: Stolz, Neid, Zorn, Geiz, Unmäßigkeit, Unkeuschheit, Trägheit.

Praktische Beicht-Tips

Die Angst vor der Beichte

Jeder hat immer ein wenig Angst vor der Beichte. Keiner redet gerne und mit Vergnügen über seine Sünden und Bosheiten. Eine Unruhe, etwas Angst oder Furcht, zumindest aber Respekt vor diesem heiligen Geschehen ist aber nicht schlecht. Im Gegenteil.

Die Beichte ist in einem persönlichen Leben mit Gott manchmal das einzige objektive Geschehen – also das einzige, wo Sie mit Ihrem Glauben „heraus" müssen und sich mit einem Ihnen fremden Menschen auseinandersetzen müssen – und in ihm auch noch Gott erkennen sollen. Das ist nicht einfach – aber gerade das bewahrt Sie davor, sich mit Ihrem Gott einzurichten und es sich in Ihrer Sünde zu gemütlich zu machen.

Es geht in der Beichte nicht nur um eine angenehme Wohligkeit, sondern auch darum, sich gefordert zu fühlen und eine heilsame und heilige Unruhe zu empfinden. Moses war auch nicht einfach nur happy, als er den Dornbusch sah – er hatte vermutlich den gleichen Respekt wie andere heute vor dem Beichtstuhl. Gott ist zwar „lieb“, aber er ist nicht kuschelig. Genau das aber ist die Gefahr, wenn ich mit meinem Glauben an Gott unterfordert werde. Und ein Kuschel-Gott ist irgendwann auch nicht mehr als ein Teddy, der nicht wirklich hilft.

Was wird der Priester von mir denken?!

Die Angst vor der Beichte geht oft einher mit der Scham vor dem Priester. Der Gedanke ist kaum abzulegen: Was wird der Priester wohl von mir denken? Verachtet er mich nicht innerlich? Oder schaut auf meine Sünden herab? Erschrickt er vielleicht sogar, weil meine Sünden zu schrecklich, zu pervers oder zu banal sind?

Nun – die meisten Menschen würden sich wundern, wie wenig der Priester während einer Beichte tatsächlich in diese Richtung denkt. Es ist nicht unsere priesterliche Aufgabe, die Sünden zu benoten.

Vor allem aber sind die Sünden für jeden Menschen ganz anders mit Scham behaftet. Der eine schämt sich viel mehr über Lügen seinen besten Freunden gegenüber, der nächste beginnt zu stottern, weil er schon zum 28. Mal hintereinander beichtet, dass er zuviel trinkt – während der andere seine sexuellen Phantasien kaum über die Lippen bekommt. Die Frage, welche der Sünden denn nun schlimmer sind, stellt sich erst gar nicht. Für den, der beichtet, sind sie alle schlimm; und darauf kommt es an.

Der Priester dagegen, der nur ein wenig mitspürt, wieviel Überwindung es kostet, in diesem Moment der Beichte wirklich alles zu sagen, ganz ehrlich zu sein und nichts zu beschönigen, wird mit ziemlicher Sicherheit nicht herablassend denken – sondern eher sprachlos vor Bewunderung sein. In solchen Beichten nämlich wird der Priester – für ihn schmerzlich – daran erinnert, dass er selber oft genug genau diesen Mut nicht hat.

„Schwere Beichten“ mit wirklich schweren Sünden (oder auch nur subjektiv schwere Sünden) sind eindeutig kein Grund, sich zu schämen. Auf meiner Seite als Priester stellt sich normalerweise nichts anderes ein als Bewunderung für die gute Beichte – und tiefe Zuneigung für den, der Gott so offen lieben kann.

Beichte macht Freude – nicht Spaß

Spaß kann man sich kaufen (zum Beispiel durch eine Kino-Karte) oder direkt ansteuern (zum Beispiel in Form eines Freizeitparks); Spaß ist etwas, das ich so lange habe, wie der spaßbringende Zustand andauert (also so lange ich Achterbahn fahre oder Fallschirm springe oder Drachen fliege).

Freude dagegen stellt sich erst ein, wenn man etwas getan hat, das man zwar als richtig erkannt hat, aber das überhaupt keinen Spaß macht. (Wenn ich zum Beispiel meinem kleinen, nervenden Bruder vor der Mathearbeit bei den Hausaufgaben helfe, anstatt im Freibad zu liegen, macht das keinen Spaß. Aber ihn nach der bestandenen Arbeit strahlen zu sehen, macht Freude!)

Beichten macht keinen Spaß. „Du warst im Phantasia-Land und im Heidepark Soltau? Dann probier’s doch jetzt einmal mit der Beichte!“ – das ist Blödsinn. Aber auch das Gefühl „Boah, nach der Beichte fühlt man sich so erleichtert!“ ist trügerisch – denn oft ist es nur das Gefühl, endlich diese unangenehme Beichte hinter sich zu haben, das Sie verspüren.

Wer aber weiß, dass die Beichte unter Umständen heilsnotwendig ist; zudem gut für meine Seele und meine Gottesbeziehung, wer glaubt, dass er wirklich nach der Beichte reingewaschen und eine wunderschöne Seele hat – wer spüren kann, dass Gnade unverdient ist und doch geschenkt wird – der wird sich freuen. Ohne Ende.

Und (wieder so eine Genialität): In diesem Zustand der Freude hat man gar keine Lust, wieder zu sündigen. Die Freude ist sozusagen die Creme mit dem höchsten „*Sündenschutzfaktor*" – und bewahrt tagelang vor dem nächsten „*Sündenbrand*" – ein echter „*Sin-Blocker*".

Der Bußgottesdienst

Ein Bußgottesdienst ist eine wunderschöne Form der gemeinsamen Gewissenserforschung. Auch ein gemeinsames, allgemeines Bekenntnis der Schuld ist sinnvoll – man bekennt in der Gemeinschaft, dass man auch an der Gemeinschaft sündig geworden ist. Denn jeder Christ, der sündigt, wirft ein schlechtes Licht auf die Kirche. Wie oft kehren Menschen der Kirche den Rücken, weil sie von Christen (z. T. im Namen der Kirche) verletzt worden sind?

Deshalb ist es gut und schön, sich auch vor der Gemeinde und mit der Gemeinde als Sünder zu bekennen. (Das gilt auch – und vor allem – für den Priester!)

Aber: Ein Bußgottesdienst ist kein Sakrament, keine definitive Zusage der Vergebung und keine Möglichkeit, aus schwerer Schuld herauszufinden. Der Bußgottesdienst als Gewissenserforschung und Versöhnung mit der Gemeinde ist ein guter und sinnvoller Schritt auf dem Weg zur Beichte – ersetzt diese aber nicht.

Einen Bußgottesdienst zu besuchen ohne anschließend zu beichten, das wäre so, wie wenn ein junger Mann erkennt, dass er die Lieblingsvase seiner Freundin zerbrochen hat – und das dem Vasen-Verkäufer gegenüber auch freimütig erwähnt und sogar schon eine neue Vase bestellt, aber diese neue Vase seiner Freundin nie aushändigt (und auch im Geschäft überhaupt nicht abholt) und das alles zudem der Freundin verschweigt. Schade um die schöne Beziehung.

Die Häufigkeit der Beichte

Die Kirche geht davon aus, dass wir mindestens einmal im Jahr beichten gehen – und wenn es wirklich nur einmal im Jahr ist, sollte das vor Ostern sein (so steht es in den Kirchengeboten). Aber damit ist ein absolutes Minimum angegeben, das es uns nur noch schwerer macht, wirklich befreiend zu beichten.

Wie im nächsten Kapitel „Beichte für Anfänger" beschrieben, setzt eine gute Beichte eine regelmäßige, möglichst tägliche Gewissenserforschung voraus. Spätestens dann, wenn wir die in der Gewissenserforschung erkannten Sünden zu vergessen drohen, sollten wir beichten gehen. Das dürfte irgendwo zwischen wöchentlich und monatlich liegen.

Wer seltener beichtet, wird auch häufiger mit folgenden Problemen zu tun haben:

Ich weiß nicht, was ich beichten soll

Mir kommt es häufiger vor, dass ich vor einer Beichte wirklich nicht weiß, was ich dieses Mal beichten soll. Das ist ein untrügliches Zeichen dafür, dass ich zu selten beichte. Denn dann habe ich mich schon zu sehr an meine Sünden gewöhnt und nehme sie schon gar nicht mehr richtig wahr.

Aber – kein Problem. Gehen Sie einfach beichten und beichten, dass Sie nicht wissen, was Sie beichten sollen. Dann hören Sie auf Ihren Beichtvater. Er wird Ihnen helfen.

Ich beichte so allgemeinen Kram

Wer zum Beispiel 14tägig beichtet, der wird feststellen, dass er nicht nur Oberbegriffe nennt – „Ich habe gelogen, war faul und lieblos“ –, sondern dass er Zeit, Ort und Umstände benennen kann. Dass er nun Zeit hat, nicht nur Sünden zu „erwähnen“, sondern kleine Geschichten erzählt. Glauben Sie mir – das sind herrliche Beichten! Für mich als Priester, für Sie als Beichtenden, aber vor allem für Gott.

Ich bin so nervös vor der Beichte

Wenn Sie häufiger beichten, können Sie sich in einem guten Sinne daran gewöhnen. Sie werden vorher ruhiger sein, Sie wissen, wann und wo die Beichte stattfindet, Sie wissen, wie lang die Schlange vor Ihnen ist. Sie kennen vielleicht schon den Priester und wissen, wie Sie etwas am besten formulieren.

Natürlich gibt es auch eine schlechte Routine – in der die Beichte nur noch als Ritual absolviert wird und kein Gedanke dabei an Gott verschwendet wird. Aber glauben Sie mir: Das kommt viel häufiger bei den „Einmal-und-nie-wieder“-Beichten vor – und fast nie bei denen, die jede Woche beichten.

Warten Sie also nicht zu lange mit der nächsten Beichte. *Machen Sie den Beichtstuhl auch zu Ihrem Wochenendhaus!*

Ich beichte immer dasselbe

Sie beichten immer wieder dasselbe? Macht nichts – ich auch. Wir Menschen sind nun mal so, dass wir uns nur sehr langsam ändern und eine eingefahrene Spur nur mit viel Geduld verlassen können. Viele Sünden sind uns zur Angewohnheit geworden – und deshalb werden wir sie auch nicht so schnell wieder los.

Gott hat Geduld mit Ihnen. So fordert Jesus seine Jünger auf: *Wenn dein Bruder sündigt, weise ihn zurecht; und wenn er sich ändert, vergib ihm. Und wenn er sich siebenmal am Tag gegen dich versündigt und siebenmal wieder zu dir kommt und sagt: Ich will mich ändern!, so sollst du ihm vergeben.* Nicht einfach, zugegeben. Deshalb stöhnten die Apostel auch sofort: *Die Apostel baten den Herrn: Stärke unseren Glauben!* (Lukas 17,3–5).

- Einmal sollten Sie sich nicht zu sehr darauf versteifen, dass die Beichte eine Therapie ist – Sie werden immer ein Sünder bleiben.
- Heiligkeit besteht ja auch nicht darin, dass Sie eines Tages keinen Grund mehr zur Beichte haben, sondern dass Sie in ständiger Freundschaft mit Gott leben – und da gehört die Bitte um Verzeihung auch dazu.
- Sie sollten sich nicht fragen, was der Priester wohl von Ihnen denkt – vor allem, wenn Sie regelmäßig beim gleichen Priester beichten und schon wieder dasselbe. Bedenken Sie immer: Auch der Priester ist ein Sünder und hat mit ziemlicher Sicherheit das gleiche Problem wie Sie. Wenn es Ihnen hilft, dann dürfen Sie ruhig davon ausgehen, dass der Priester ein größerer Sünder ist als Sie – er wird Ihnen nicht widersprechen.
- Es ist sogar heilsam, an einer kleinen Sünde zu scheitern – es ist gut für unsere Demut. Sonst erliegen wir irgendwann der Versuchung, wir hätten die Überwindung aller Sünden unserer eigenen Machtvollkommenheit (mit einem kleinen Schuss Gnade) zu verdanken. Das Gegenteil ist der Fall: Gott zeigt uns an dieser „resistenten Lappalie“: „Schau, mein Kind – ohne meine Gnade schaffst du noch nicht einmal das! Bleib also in meiner Nähe und überheb dich nicht. *Ich* bin deine Kraft!“

Beichten – Buße – Ablass: die Folgen der Sünde

Mit der Beichte verbunden ist üblicherweise eine Buße, die nach der Lossprechung vom Beichtenden zu verrichten ist. Hinzu kommt noch eine weitere Möglichkeit, an den Sünden zu arbeiten: der Ablass. Aber dazu im Kapitel VII mehr.

Das Beichtgeheimnis

Zum Beichtgeheimnis etwas zu schreiben, ist vermutlich überflüssig. Es ist auch relativ schnell beschrieben: „Das Beichtgeheimnis gilt absolut. Immer und überall. Unter allen Umständen." Fertig.

Aber es tut vielleicht ganz gut, noch einmal auf folgende Einzelheiten ausdrücklich hinzuweisen:

- Der Priester darf niemandem und unter keinem Umständen den Inhalt einer Beichte weitersagen – auch nicht dem Staat, auch nicht unter Androhung von Strafe und auch nicht in persönlicher Todesgefahr.
- Vom Beichtgeheimnis kann nur einer befreien: der Beichtende selber. Er kann zum Beispiel dem Priester den Auftrag geben, der Polizei einen Hinweis zu geben oder dem betrogenen Händler eine Entschädigung zu überreichen.
- Das Beichtgeheimnis gilt auch dem Beichtenden gegenüber: Der Priester darf niemals, unter keinen Umständen den Beichtenden außerhalb der Beichte auf eine Sünde oder eine daraus folgende Konsequenz ansprechen.
- Das Beichtgeheimnis bezieht sich auch auf das Handeln des Priesters: Er darf nicht nur das Wissen aus der Beichte nicht weitergeben (weder in mündlicher noch in schriftlicher Form), er darf auch von dem in der Beichte erworbenen Wissen keinen Gebrauch machen. (Erfährt der Priester

beispielsweise in der Beichte, dass seine Sekretärin Geld veruntreut, darf er sie weder entlassen noch mit einer anderen Aufgabe betrauen – ja, er darf noch nicht einmal häufiger als sonst die Kasse nachprüfen!)

Die Beispiele in Krimis oder Spielfilmen („Ich beichte", „The Good Shepherd", „Das Beichtgeheimnis" oder „Auf den Schwingen das Todes") sind also nicht weit hergeholt – sie entsprechen der katholischen Realität: Auch wenn der Priester selbst des Mordes verdächtigt wird, darf er die wahre Identität des Mörders nicht preisgeben, wenn er sie nur aus der Beichte kennt. Im Zweifelsfall muss der Priester es sogar in Kauf nehmen, dass der Mörder weitere Verbrechen begeht …

Warum gilt das Beichtgeheimnis sogar in diesem extremen Fall? Nun – gäbe es Ausnahmen, zum Beispiel im Falle eines Mordes, würde der Mörder diese Sünde sicherlich nicht mehr beichten. Wer möchte, dass die Beichte vor Gott – über den Priester – wirklich *alle* Sünden umfasst, kann auch beim Beichtgeheimnis keine einzige Ausnahme zulassen.

Werden alle Sünden vergeben?

Ja, alle. Es gibt keine Schuld, die vor Gott so groß ist, dass sein Sohn dafür nicht Sühne geleistet hat.

So heißt es ja auch im Markusevangelium (Kapitel 3,28): „Amen, das sage ich euch: Alle Vergehen und Lästerungen werden den Menschen vergeben werden, so viel sie auch lästern mögen."

Allerdings heißt es einen Vers weiter: „Wer aber den Heiligen Geist lästert, der findet in Ewigkeit keine Vergebung, sondern seine Sünde wird ewig an ihm haften." Das klingt allerdings so, als wenn es doch eine Sünde gäbe –

die *Geistes-Lästerung* –, die sofort zur ewigen Verdammnis führt. Vielen Menschen bereitet diese Bibelstelle große Kopfschmerzen.

Gemeint ist mit der „Lästerung des Heiligen Geistes" die *Zurückweisung* des Geistes – eben des Geistes der Vergebung. Wer Gottes Nähe ablehnt und seine Vergebung nicht will – nun, der behält seine Sünde. Wer in Jesus nicht den Messias sieht oder sehen will (siehe Markus 3,30), der uns von den Sünden erlöst, der wird auch nicht gegen seinen Willen erlöst. Sollte ein solcher Mensch allerdings Vergebung und Erlösung bei Jesus suchen, weil er sich bekehrt, so kann auch ihm vergeben werden.

III. BEICHTE FÜR ANFÄNGER

Das Sakrament der Beichte ist eigentlich eines der schönsten Sakramente – sowohl für den Priester als auch für den Beichtenden. Hier kommen sich Gott und Mensch ganz besonders nahe. Es ist ein sehr persönliches Sakrament – die Beichte kennt keine Massenabfertigung.

Noch befindet sich das Sakrament der Beichte im normalen Gemeindealltag in der Krise. Aber auf Weltjugendtagen, Night-Fever-Nächten, Prayerfestivals und auf Wallfahrten (vor allem in Medjugorje) zeichnet sich eine bemerkenswerte Trendwende ab: Menschen – vor allem Jugendliche – stehen stundenlang Schlange, um zu beichten. Und – soviel darf ich als Beichtvater verraten – die Beichten, die diese Menschen ablegen, sind wunderschön.

So kann ich mir vorstellen, dass vielleicht auch bald eine Trendwende in den Pfarreien einsetzt – wenn da nicht die Scheu wäre, bei der Beichte Fehler zu machen. Gerade, weil die Beichte sehr persönlich ist und eine unmittelbare Begegnung zwischen Priester und Christ ist, haben vielleicht viele Angst, sich zu blamieren. Nun: Davor wollen die folgende Hinweise bewahren. In diesem Kapitel geht es also mehr um das *Wie* der Beichte.

Die Vorbereitung auf die Beichte

Der erste Schritt der Beichtvorbereitung: *Ich* **will** *beichten!*

Es mag seltsam klingen, wenn ich Ihnen für Ihre Beichtvorbereitung vorschlage, erst einmal wirklich beichten zu *wollen*. Aber wenn Beichten bedeutet, aus der gefährlichen Routine der eingespurten Gottesbeziehung auszubrechen, dann darf die Beichte nicht aus Routine geschehen und auch nicht aus einem Pflichtgefühl heraus. Sie sollten sich auf die Beichte freuen: Denn in der Beichte begegnet Ihnen Gott auf einmalige Weise; jede Beichte ist sowohl Gottesbegegnung – als auch Beginn einer neuen Phase der Liebe zu *ihm*.

Entscheiden Sie sich also zu beichten. Entscheiden Sie sich, Ihrer Beziehung zu Gott neues Leben einzuhauchen! Die erste Beichtvorbereitung sollte also nicht darin bestehen, dass Sie verzweifelt nach Sünden in Ihrem Leben suchen. Sondern dass Sie erkennen, dass Ihre Beziehung zu Gott einen neuen Anfang braucht. Neuen Schwung – neue Liebe. Dass es Zeit wird, aus der Routine auszubrechen, und wieder Gott in den Mittelpunkt zu stellen.

Die Beichtvorbereitung beginnt somit nicht erst zehn Minuten vor dem Termin in der Kirche. Eine gute Beichte ist nichts anderes als der vorläufige Höhepunkt eines ziemlich langen Versöhnungsweges („Das ganze Leben ist ein Weg der Versöhnung").

Beginnen Sie also – mein Vorschlag – *eine Woche zuvor* mit dem ersten Schritt und *entschließen* Sie sich, zur Beichte zu gehen. Suchen Sie sich einen schmucken Priester in einer schmucken Kirche mit einer festen Beichtzeit – oder machen Sie mit dem Priester Ihrer Wahl einen Termin aus. Dann steht Ihr Entschluss zu beichten: Herzlichen Glückwunsch! Das Schlimmste ist geschafft.

Der zweite Schritt: Die erste Selbsterkenntnis

Jetzt kommt der zweite Schritt: Sie fragen sich, warum es in Ihrer Beziehung zu Gott zu dem gekommen ist, wie es im Moment ist. Was haben Sie vernachlässigt? Was haben Sie vergessen?

Dazu helfen sogenannte Beichtspiegel: meist eine Art Fragenkatalog, die Ihnen helfen sollen, Ihr Gewissen zu bilden. Sie finden solche Gewissens-Checklisten im Gotteslob oder auch am Ende dieses Buches.

Eine Woche vor der Beichte sollten Sie sich eine dieser Checklisten vornehmen und eine Art Vorauswahl treffen: Für welche Sünden kommen Sie überhaupt in Frage? Welche fallen von vornherein weg? Worauf sollten Sie besonders achten?

Suchen Sie sich zwei bis drei Schwachstellen heraus, die offensichtlich auf Sie besonders zutreffen, und beobachten Sie sich eine Woche lang. Falls zu diesen Schwächen auch die Vergesslichkeit gehört, sollten Sie diese Punkte am besten notieren.

Der dritte Schritt: Der tägliche Kassensturz

Nun beginnt die Woche der Beichtvorbereitung: Jeden Abend gehen Sie diese engere Auswahl von Schwächen, Beziehungsstörungen oder Sünden durch und fragen sich, was Sie davon am vergangenen Tag begangen haben. Vielleicht gehen Sie in Gedanken den ganzen Tag Stunde für Stunde durch. Manchmal fallen mir dabei Dinge ein, die ich sonst für immer vergessen hätte – die aber bei meiner Gewissenserforschung am Abend plötzlich richtig peinlich aufleuchten: „Was – das habe ich wirklich gesagt?“ Solche Aha-Erlebnisse sind famos: Sie sind Gaben des Heiligen Geistes, der bereits beginnt, Ihnen Ihr wahres Ich zu zeigen, um Sie wieder neu mit Gott zu versöhnen. Stören Sie ihn nicht dabei, indem Sie voreilig fadenscheinige Entschuldigungen anführen.

Wiederum kann es sinnvoll sein, sich dazu Notizen zu machen.

Der vierte Schritt: Der Tag der Beichte

Am Tag Ihrer geplanten Beichte sollten Sie beginnen sich zu freuen.

Natürlich kann man Freude nicht erzeugen. Aber man kann sich ausmalen, wie schön alles wird. Leider tun viele Menschen das Gegenteil und malen sich aus, wie entsetzt der Beichtvater sein wird („Vielleicht lacht der mich aus? Oder schickt mich zu einer Selbsthilfegruppe? Oder schreibt ein Buch über mich: Meine skurrilste Beichte ...“). Alles Humbug. Kein Beichtvater lacht oder petzt. Sagen Sie sich: Alles wird super; Gott freut sich schon jetzt auf meine Beichte, der Priester ist eigentlich unwichtig.

Der fünfte Schritt: Besinnung unmittelbar vor der Beichte

Wenn Sie zur Beichte in die Kirche kommen, suchen Sie zunächst eine ruhige Ecke auf, um zur Ruhe zu kommen. Vielleicht schauen Sie auf ein schönes Bild oder schließen die Augen.

Danach überlegen Sie sich noch einmal kurz die Sünden, die Sie beichten möchten. Betrachten Sie sie mit den Augen Gottes – nicht mit Ihren eigenen Maßstäben. Denken Sie nicht darüber nach, was der Priester wohl davon hält – vergessen Sie, wie gesagt, den Priester. Er ist nur der Telefonhörer für das Gespräch mit Gott.

Bitten Sie Gott um eine gute Beichte – einen verständigen Priester – und einen klaren Kopf. Sagen Sie Gott, dass Sie ihn lieben – und Sie nur deshalb kommen, weil Sie diese Liebe nicht verlieren wollen.

Dann setzen Sie sich vor den Beichtstuhl oder das Beichtzimmer und schließen sich der Reihe derjenigen an, die dort beichten wollen. (Meistens ist die Schlange relativ kurz.)

In der Zeit, in der Sie warten, vermeiden Sie Ungeduld. Ärgern Sie sich nicht darüber, warum jemand vor Ihnen sooo lange beichtet. Und freuen Sie sich nicht über diejenigen, die es in kürzester Zeit hinter sich bringen. Sie sollten weder die Beichtzeiten stoppen und in eine Rekordliste eintragen noch überhaupt einen Gedanken daran verschwenden, wer wie lange braucht. Üben Sie sich in Geduld: Versöhnung zwischen Menschen und Gott ist keine Frage der Geschwindigkeit.

Das Beichtgeheimnis gilt auch für denjenigen, der vor dem Beichtstuhl sitzt und einiges mithören kann, was gerade gebeichtet wird. Tun Sie das nicht – hören Sie einfach weg. Im Zweifelsfall ist es besser, sich etwas weiter vom Beichtstuhl weg hinzusetzen – anstatt den MP3-Player herauszuholen.

Der Ablauf der Beichte

Beim Betreten des Beichstuhls

Die Beichte selbst ist ziemlich unkompliziert. Sie betreten den Beichtstuhl (oder das Beichtzimmer) und knien sich hin. Dann beginnt der Priester meistens mit einem Kreuzzeichen, das Sie auch machen. Vielleicht sagt er aber auch: „Gelobt sei Jesus Christus“ – worauf Sie mit „In Ewigkeit. Amen“ antworten.

Danach spricht der Priester eventuell ein kurzes Gebet oder nennt einen Bibelvers – das soll Ihnen helfen. Sie brauchen darauf nicht zu antworten oder den Bibelvers zu wiederholen. Die Beichte ist kein Quiz.

Danach sollten Sie sich kurz vorstellen. Keine Angst – nicht mit Namen, eMail-Adresse oder Schuhgröße. Aber ein paar andere Angaben sind schon sinnvoll, zum Beispiel wann Ihre letzte Beichte gewesen ist, wie alt Sie sind und ob Sie verheiratet sind, noch bei den Eltern wohnen oder Schüler, Student oder Bundeskanzler sind.

Dann können Sie mit Ihrem Bekenntnis beginnen. Das können Sie einleiten mit den Worten: „Ich möchte in Demut und Reue meine Sünden bekennen." Aber das ist keine Formel, an die sie sich halten müssen. Es geht auch mit ähnlichen Worten.

Ihr Bekenntnis der Sünden

Ihr Sündenbekenntnis bildet den Kern der Beichte. Sie erzählen Gott, was schiefgelaufen ist; Sie sprechen aus, was Sie bedrückt und unfrei macht.

Natürlich weiß Gott schon, was Sie beichten, bevor Sie nur daran denken. Und er kennt Sie besser, als Sie es selbst tun. Er weiß mehr von Ihren Sünden als Sie, er weiß auch, wie es dazu kommen konnte. Also – Sie erzählen ihm nichts Neues. Aber er wartet dennoch geduldig darauf, dass Sie beim Namen nennen, was geschehen ist. Trauen Sie sich einfach.

Reden Sie, wie Sie es auch sonst tun. Benutzen sie keine Floskeln, Formeln und Worthülsen („Ich war nicht nett zu meinem Nachbarn ..." – Naja, nicht nett sein kann heißen, ihn nicht gegrüßt oder sein Haus in Brand gesteckt zu haben – Sie müssen schon etwas konkreter werden). Hüten Sie sich davor, zu allgemein zu reden; wenn es sich um schwerere Sünden handelt, erzählen Sie auch ein bisschen von den Umständen und wie es dazu kam.

Seien Sie einfach, klar und ehrlich. Nennen Sie die Dinge beim Namen, reden Sie sich nicht raus und entschuldigen Sie sich nicht im gleichen Atemzug („Ich habe meine Frau beleidigt – aber die kocht wirklich schrecklich!").

Und vergessen Sie bei allem, was Ihnen einfällt nicht, mit *wem* Sie reden: Sie sprechen mit *Gott*. Sie wollen mit *ihm* wieder ins reine kommen. Also erzählen Sie bitte auch, was Sie *ihm* angetan haben: in Gedanken, im Gebet, in den Gottesdiensten, in den Gesprächen *über* Gott.

Wenn Sie nicht mehr weiter wissen, bitten Sie den Priester um Hilfe. Oder sagen Sie, dass Sie einen Moment nachdenken müssen. Oder dass Sie etwas vergessen haben. Gott weiß zwar über Ihre Gedanken Bescheid, aber der Priester nicht. Sie müssen also dem Priester auch ein wenig helfen, damit er merkt, ob Sie fertig sind, noch überlegen oder den Faden verloren haben.

Grundsätzlich gilt: Sie *müssen* alle schweren Sünden beichten – wenn es geht, mit den Umständen und der Häufigkeit (das ist manchmal unangenehm). Sie *dürfen* darüber hinaus alle anderen Dinge beichten und erzählen (das ist fast immer wohltuend).

Der Abschluss des Bekenntnisses

Wenn Sie mit Ihrem Bekenntnis fertig sind, dann sagen Sie das dem Priester. Außerdem sollten Sie bekennen, dass Ihnen diese Sünden wirklich leid tun und Sie sie bereuen. Das kann in der einfachen Form geschehen: „Dies sind alle meine Sünden. Sie tun mir leid."

Sie können hinzufügen: „Mein Jesus, Barmherzigkeit!" Oder, wenn noch Zeit ist: „Mein Jesus, ich bitte um Barmherzigkeit."

Es ist ein schöner Brauch, deutlich darauf hinzuweisen, dass man sich wahrscheinlich nicht mehr an alle Sünden erinnert – aber dass man diese Sünden sicherlich auch bereuen würde. Somit könnte ein schöner Abschluss so lauten:

„Mein Jesus, dies sind alle meine Sünden, die mir bewusst sind und an die ich mich erinnere. Ich schließe in meine Bitte um Vergebung auch alles ein, das mir nicht bewusst ist und das ich jetzt vergessen habe. Das alles tut mir leid und ich bitte um Verzeihung."

Jetzt spricht Gott

Nun ist der Priester an der Reihe. Entgegen der allgemeinen Auffassung ist es nicht seine Aufgabe, jede Sünde einzeln zu kommentieren und Tips zur Sündenvermeidung zu geben. Vielleicht tut er das – aber hoffentlich nicht zu ausführlich.

Wichtiger ist, dass er Ihnen nun den Blick öffnet für Gottes Güte; seine Barmherzigkeit und Liebe. Dass er Ihnen Mut zuspricht, Ihnen etwas über Gott erzählt, das Ihnen Freude schenkt.

Ein guter Priester ist nicht unbedingt ein guter Psychologe – aber hoffentlich einer, der Gottes Liebe ausstrahlt. Vielleicht auch ohne viele Worte.

In dem, was der Priester Ihnen sagt, spricht auch Gott zu Ihnen. Hören Sie aufmerksam zu und nehmen Sie auf, was Ihnen hilft. Vielleicht rührt Sie ein bestimmter Satz tief an. Sie dürfen darin ruhig einen Fingerzeig Gottes erkennen.

Buße

Am Ende der kleinen Predigt gibt Ihnen der Priester ein Bußwerk auf. Das ist keine Strafe, sondern ein Vorschlag zum Neubeginn. Oft besteht die Buße darin, ein bestimmtes Gebet zu verrichten – manche Priester sind da allerdings auch sehr viel kreativer. Da kann es auch schon einmal vorkommen, dass Sie jemanden eine Freude machen sollen – oder den Auftrag bekommen, innerhalb der nächsten Woche ins Kino zu gehen.

Stellen Sie sicher, dass Sie die Buße richtig verstanden haben. Überlegen Sie kurz, ob Sie das auch können, was der Priester Ihnen vorschlägt („Kenne ich das Gebet überhaupt?“ – „Ist es mir zeitlich möglich?“). Wenn Sie die Buße für unpraktisch oder übertrieben halten, dann sagen Sie es sofort – ebenso, wenn Ihnen nicht klar ist, wie oft – wie lang – und in welchem Zeitraum Sie etwas tun sollen.

Lossprechung

Danach erfolgt die Lossprechung. Während das Bekenntnis den Kern Ihres Tuns bildet, ist die Lossprechung das Wichtigste, was Gott Ihnen schenkt: Die Vergebung der Sünden. Der Priester spricht folgendes Gebet:

Gott, der allmächtige Vater, hat durch den Tod und die Auferstehung seines Sohnes die Welt mit sich versöhnt und uns den Heiligen Geist gesandt zur Vergebung der Sünden. Durch den Dienst der Kirche schenke er dir Verzeihung und Frieden. So spreche ich dich los – von all deinen Sünden: Im Namen das Vaters und des Sohnes und des Heiligen Geistes.

Während des letzten Satzes macht der Priester über Sie das Kreuzzeichen, das Sie auch mitmachen, aber nicht mitsprechen. Damit nehmen Sie die Vergebung Gottes an und wollen daran glauben.

Während der Lossprechung sollten Sie den festen Vorsatz fassen, sich zukünftig von jeder Sünde fernzuhalten. Das schließt die Reue darüber ein, dass es Ihnen bisher nicht gelungen ist.

Natürlich wissen wir, dass uns das nicht gelingen wird – nicht in allen Lebensbereichen und nicht über lange Zeit. Aber es kommt im Glauben nie darauf an, was wir wirklich *schaffen* – sondern was wir wirklich *wollen*.

Nach der Lossprechung kann es sein, dass der Priester Ihnen noch sagt: „Deine Sünden sind dir vergeben. Gehe hin in Frieden“ – oder so ähnlich. Sie können darauf antworten: „Dank sei Gott." Aber man kann sich auch einfach „normal" verabschieden – sich zum Beispiel noch kurz bedanken und einen schönen Tag wünschen. Da freut sich auch der Priester.

Nach der Beichte

Nachdem Sie den Beichtstuhl verlassen haben, versuchen Sie auf dem Boden zu bleiben – viele haben nämlich dann das Gefühl, zur Decke zu schweben. Bevor Sie das tun, denken Sie daran, die Buße zu verrichten, die der Priester Ihnen aufgegeben hat. Falls es möglich ist, schieben Sie sie nicht hinaus; ein neues Leben mit Gott beginnt man am besten immer sofort.

Außerdem sollten Sie die Hochstimmung, in der Sie sich wahrscheinlich befinden, dazu nutzen, Gott Danke zu sagen – für seine Verzeihung und Vergebung, aber vor allem für den Neuanfang.

Vor allem aber: Freuen Sie sich über das, was Ihnen geschenkt worden ist. Nur in dieser Freude gelingt die Beziehung zu Gott.

Und – falls Sie aus dem Beichtstuhl treten und jedes „Boah-Gott-liebt-mich-wirklich"-Gefühl ausbleibt: Es geht in der Beichte nicht um das *Gefühl* der Erlösung, sondern um die Vergebung der Sünden. Gefühle sind im Glauben immer nur Geschenke – eben Gnade.

Kein Beicht-Automat

Der Priester ist kein Beicht-Automat. Das heißt, er gibt nicht automatisch die Lossprechung (so wie ein Zigarettenautomat eine Schachtel Kippen ausspuckt).

Üblicherweise haben Sie ein *Recht* auf Vergebung – und der Priester hat die *Pflicht,* das Sakrament der Vergebung zu spenden, wenn alle notwendigen Voraussetzungen gegeben sind. Der Priester ist nicht Gott, und der Priesterdienst keine Machtposition.

Aber der Priester hat auch die Pflicht darauf zu achten, dass eine Beichte ehrlich und angemessen ist. Er hat sogar die Möglichkeit, Ihnen die Lossprechung von Ihren Sünden zu verweigern, wenn er berechtigte Zweifel daran hat, ob Sie Ihre Sünden wirklich bereuen oder ob Ihr Bekenntnis vollständig ist.

Außerdem darf er von bestimmten Sünden gar nicht befreien, ohne den Bischof (und in seltenen Fällen auch den Papst) um Erlaubnis zu bitten. Zu diesen Sünden gehört zum Beispiel die Schändung der Hl. Kommunion – oder die unrechtmäßige Priester- und Bischofsweihe.

Bußandachten

In vielen Gemeinden ist es üblich, vor Weihnachten und Ostern sogenannte Bußandachten zu feiern. Dort versammelt sich die Gemeinde, um gemeinsam über ihre Sünden nachzudenken, das Wort Gottes zu hören und Gott um Vergebung zu bitten.

Eine solche Bußandacht ist als Gewissenserforschung und als Beichtvorbereitung sehr sinnvoll. Sie ersetzt aber niemals eine persönliche, sakramentale Beichte – auch dann nicht, wenn Sie keine schweren Sünden zu beichten haben.

Vergessen Sie nicht, dass eine Beichte immer auch eine Gottesbegegnung ist. Auch wenn es im alltäglichen Leben sogar schon vorkommt, dass man einen Ehebruch per SMS beichtet und den betrogenen Ehepartner auf dem Anrufbeantworter um Vergebung bittet – bei Gott sollte man doch persönlich vorsprechen.

Beicht-Orte

Beichten kann man überall – ich habe schon an den seltsamsten Orten Beichte gehört (in der Fußgängerzone, im Zug, auf einem Spaziergang übers Moor und auch schon im Auto – einem stylischen Mercedes-Sprinter). Üblicherweise beichtet man allerdings in der Kirche – und dort in speziellen Beicht-Vorrichtungen, die man entweder *Beichtstuhl* oder *Beichtzimmer* nennt.

Der Beichtstuhl

Ein Beichtstuhl war früher wirklich ein Stuhl, neben dem eine Kniebank stand. Zwischen Kniebank und Stuhl war eine Holzwand angebracht (meist an den Stuhl geschraubt – dadurch wurde jeder x-beliebige Stuhl zum Beichtstuhl), auf dem Stuhl saß der Priester, auf der Kniebank kniete der Beichtende – und die Holzwand sorgte zumindest für ein gewisses Maß an Anonymität.

Heute sind diese Beichtstühle eher Beichtschränke – mit Türen, manchmal auch mit Fenstern und Innenbeleuchtung. Mein Beichtstuhl hat sogar eine Heizung (allerdings nur für den Priester. Vollkommen ausreichend, finde ich).

Die Grundanordnung bleibt aber meist die gleiche: Der Priester *sitzt* (das symbolisiert seine Aufgabe als „Richter" – er sitzt auf dem Richterstuhl), und der Beichtende *kniet*. Dazwischen befindet sich weiterhin die Holzwand, meist mit einem Fenster mit Holzgitter. Dank des „Schrankes" kann man – bei schwerhörigen Priestern oder schwerhörigen Beichtenden – auch mal lauter reden, ohne dass die ganze Kirche mithört; dank des Gitters und der Dunkelheit im Beichtstuhl wird der Priester den Beichtenden normalerweise nicht erkennen.

Das Beichtzimmer

Es gibt aber auch die Beichtzimmer, in denen der Priester an einem Tisch sitzt und der Beichtende sich ihm gegenüber auf einen weiteren Stuhl setzt. Abgesehen davon, dass sich Priester und Beichtender nun persönlich sehen können – und dass es eben nicht dunkel ist –, gibt es keinen weiteren Unterschied im Ablauf oder in der Qualität der Beichte.

Wer keinen Wert darauf legt, anonym zu beichten (und nicht gerne kniet oder nicht mehr knien kann – oder Angst vor engen, dunklen Räumen hat), kann also die Beichte im Beichtzimmer absolvieren.

... oder wo auch immer

Darüber hinaus ist eine Beichte auch an allen anderen Orten dieser Welt möglich, so lange gewährleistet ist, dass das Beichtgeheimnis gewahrt bleibt. Deshalb ist es auch nicht möglich, im Internet oder per Telefon zu beichten – außer in extremen Notlagen, zum Beispiel in Todesgefahr.

Beicht-Zeiten

In fast allen Pfarrkirchen werden regelmäßige Beichtzeiten angeboten, zu denen ein (oder mehrere Priester) in den Beichtzimmern oder Beichtstühlen der Kirche sitzen und auf die Beichtwilligen warten. Diese Zeiten stehen in den Pfarrnachrichten, im Aushang an der Kirche oder hinten in der Kirche. Im Zweifelsfall kann man auch im Pfarrbüro anrufen und nachfragen.

An besonderen Orten – in Bistumsstädten, Klöstern und Wallfahrtsorten – gibt es entweder zusätzliche Beichtzeiten auch durch die Woche oder einen 24-Stunden-Beicht-

Service, bei dem auf Anruf oder Klingelzeichen immer ein Priester zur Verfügung steht.

Darüber hinaus gibt es aber auch immer die Möglichkeit, einen Priester direkt anzusprechen oder anzurufen und nach einem Termin für eine Beichte zu fragen. Gute Priester lassen alles stehen und liegen, wenn jemand beichten will – also nur Mut, einfach mal nachfragen!

Beichte – oder Beichtgespräch?

Es gibt keinen wirklichen Unterschied zwischen einer Beichte und einem Beichtgespräch. Manche meinen, eine Beichte geschieht nur im Beichtstuhl, während ein Beichtgespräch im Beichtzimmer stattfinden kann. Aber das ist ein Irrtum.

Auch im Beichtstuhl kann man sich (trotz der Anonymität) unterhalten, Fragen stellen und um Ratschläge bitten. Und im Beichtzimmer kann man sich, wenn man will, nur auf das Bekenntnis der Sünden beschränken und danach den Zuspruch und die Absolution empfangen. Sowohl das eine als auch das andere ist nicht an einen bestimmten Ort gebunden.

Ob Sie sich in der Beichte ein wenig mit dem Priester unterhalten möchten, weil Sie zusätzlich zu Ihren Sünden auch noch Fragen haben, ein paar Tips gebrauchen können oder sich in bestimmter Hinsicht nicht sicher sind – das ist Ihnen überlassen.

Bedenken Sie aber: Eine Beichte ist kein Beratungsgespräch, sondern eine Sondermüll-Entsorgungsstation für Ihre Sünden und eine Begegnung mit Gott, die nicht viel Worte braucht. Falls der Priester (gegen Ihren Willen) eine Idee nach der anderen aus seiner psychologischen Trickkiste hervorzaubert, weisen Sie ihn darauf hin, dass Sie eigentlich mit Gott reden wollen – und nicht mit dem Psychologen im Priester.

Nochmal – das Beichtgeheimnis

Das Beichtgeheimnis ist sicherlich das bestgehütete Geheimnis der Welt. Kein Priester darf auch nur irgend etwas von dem, was ihm in der Beichte anvertraut wurde, nach außen dringen lassen. Es gibt zahlreiche Berichte über Priester, die sich eher haben foltern und töten lassen, als das Beichtgeheimnis zu brechen (googlen Sie einfach mal „Johannes Nepomuk").

Der Priester ist wie ein Telefonhörer – man spricht hinein, um mit Gott zu reden; man hört auf seine Worte, um Gott zu hören. Hat man aufgelegt, so weiß der Hörer auch nichts mehr von dem, was gesagt wurde. So ist der Priester nur ein Medium, um Gott hörbar und ansprechbar zu machen.

Deshalb soll der Priester sich auch in der Beichte sehr zurückhalten. Und umgekehrt sollten Sie den Priester auch nicht überbewerten. Natürlich ist es wichtig, einen guten Beichtvater zu suchen – aber bevor Sie jahrzehntelang nach dem idealen Priester suchen (den es einfach nicht gibt), ist es besser, bei einem „unangenehmen" Beichtvater zu beichten (der vielleicht besser ist, als Sie vermuten).

Das Beichtgeheimnis gilt nicht nur immer, überall und unter jeder Bedingung, sondern auch sehr umfassend: Es bedeutet nicht nur, dass der Priester nicht *erzählen* darf, was er in der Beichte gehört hat. Er darf auch keinen *Gebrauch* von dem Wissen machen, das er in der Beichte erworben hat – wenn er dadurch den Beichtenden belastet.

Das Beichtgeheimnis verbietet dem Priester, aus dem Inhalt einer Beichte zu erzählen und dabei nur den Namen oder den Ort der Beichte wegzulassen. Falls der Priester überhaupt etwas aus einer Beichte erzählt, dann nur, wenn absolut sichergestellt ist, dass es niemandem möglich ist, Rückschlüsse zu ziehen, wer der Beichtende gewesen ist. Aber besser ist natürlich, vollständig den Mund zu halten.

Der Priester darf Sie auch nicht unter vier Augen außerhalb der Beichte noch mal auf die gebeichteten Sünden ansprechen. Das Beichtgeheimnis gilt also auch Ihnen gegenüber.

Eine Ausnahme ist allerdings, wenn Sie den Priester ausdrücklich darum gebeten haben – zum Beispiel, weil er Sie an etwas erinnern soll oder Sie noch ein Buch oder einen Hinweis haben wollten, den der Priester Ihnen in der Beichte nicht geben konnte.

Das Beichtgeheimnis gilt immer dann, wenn ein Gespräch mit der Absicht *begonnen* wurde, zu beichten. Falls es also nicht zur Lossprechung kommt oder Sie unterbrochen werden (weil z. B. der Beichtstuhl in Flammen steht – oder aus einem anderen wichtigen Grund), gilt trotzdem das Beichtgeheimnis.

Es lassen sich noch viele Fragen bezüglich des Beichtgeheimnisses stellen – und viele hochbrisante Fälle konstruieren. Aber die Antwort ist immer die gleiche: Das Beichtgeheimnis gilt absolut. Immer.

IV. DIE ZEHN GEBOTE

Für einige sind Gebote eine feine Sache: Man braucht sich nur daran zu halten – und ist immer auf der sicheren Seite. Hauptsache, kein Ärger.

Für andere sind Gebote eine lästige Sache: Sie sind unnütz und engen ein. Freiheit, Freude und Selbstverwirklichung sind nur außerhalb der Gebote möglich.

Weder die einen noch die anderen haben verstanden, worum es geht …

Gebote im allgemeinen

Gebote – subjektive Einschätzung

Vieles ist in der Bewertung subjektiv unterschiedlich. Was für einen Ureinwohner Sibiriens heiß ist, ist für einen Afrikaner unter Umständen kalt. Was ich als den Inbegriff der Schönheit bezeichne, findet mein Nachbar schlicht hässlich. So ist das eben: Wir sind alle unterschiedlich und empfinden unterschiedlich.

Das gilt auch für die Rechte, die ein Mensch hat: Manche Rechte oder Möglichkeiten werden als Befreiung gewertet, manche aber auch wieder als Belastung: Das Recht auf freie Berufswahl führt auch zur Qual der Wahl. Je mehr Rechte ein Mensch hat, desto mehr ist er in seiner eigenen Verantwortung gefragt. Und Verantwortung kann belasten. Je weniger Freiheiten ein Mensch hat – je weniger Rechte –, desto bequemer kann sein Leben sein (ein Grund, warum sich viele in die freiwillige Enge einer Sekte begeben). Normalerweise reagieren wir aber allergisch auf eine solche Einengung durch Vorschriften,

Regeln und Gebote – vor allem, wenn wir deren Sinn nicht nachvollziehen können.

Das gilt auch für die Gebote und Regeln, die sich in unserer Gesellschaft finden. Die Tatsache, dass wir in einer rechtsstaatlichen Gesellschaft leben, gibt uns Schutz und garantiert annähernd gleiches Recht für alle – führt aber auch zu zahlreichen Regeln und Vorschriften, die wiederum einengen und unangenehm begrenzen können. Vielleicht – so meinen einige Zeitgenossen – leben wir in einer Zeit, in der es zu viele Regeln gibt: Von der Verordnung über die Herstellung von Karamellbonbons nach EU-Recht bis hin zur Rückwärts-Einpark-Ordnung im Straßenverkehr.

„Objektiv Gutes" oder nur „Intersubjektiv Gutes"?

Nun könnte man meinen: Es darf überhaupt keine Gebote und Regeln geben, denn jeder muss ja selbst wissen, was richtig ist und falsch. Keiner darf einem anderen seinen Willen aufzwängen und Vorschriften machen. Was gut und schlecht ist, muss jeder selbst entscheiden.

Das ist aus zwei Gründen nicht richtig: Erst einmal kann natürlich jeder für sich entscheiden, ob etwas gut oder schlecht für ihn ist. Das ist zunächst eine Frage des Gewissens. Aber in dem Augenblick, in dem er sich danach richtet und danach handelt, betrifft diese persönliche Moral andere. Und andere können von dieser persönlichen Moral gar nicht so begeistert sein. Für das Zusammenleben ist es daher sinnvoll, dass man sich zumindest auf grundlegende moralische Ansichten einigt, damit die einzelnen die größtmögliche Gelegenheit haben, nach eigenem Ermessen richtig (und falsch) zu handeln.

Wenn man aber davon ausgeht, dass alle moralischen Gebote und Regeln letztlich nur Kompromisse sind, damit jeder möglichst viel Freiheit in einer Gesellschaft hat, so wäre die Entscheidung darüber, ob etwas gut oder schlecht ist, eine Frage der Abstimmung, eine Frage der Demokratie.

Dann würde eine Gesellschaft eine Tat als gut oder böse bezeichnen, obwohl die Tat an sich keine moralische Qualität hat – sie ist es nur in den Augen dieser Gesellschaft. So, wie wir die Farben „blau" und „rot" festlegen, obwohl die entsprechende Wellenlänge des Lichts in keinerlei Hinsicht eine solche Festlegung nahelegt – blau und rot gibt es nur für den Menschen, nicht in Wirklichkeit.

Das kann aber nicht sein: Es kann ja wohl kaum in Ordnung sein, wenn die Mehrheit der Deutschen im Dritten Reich abstimmt und den Juden ihr Lebensrecht abspricht …

Daher liegt es auf der Hand, dass „gut" und „böse" nicht nur Etiketten sind, die eine Gesellschaft nach eigenem Gutdünken verteilt, dass gut und böse also nicht nur eine Frage der Festlegung ist – sondern dass es tatsächlich so etwas wie gut und böse gibt. Weil wir auf eine bestimmte Art und Weise geschaffen sind, nennen wir das, was dieser Art und Weise entspricht, „gut". Und wenn wir uns gerade gegen unsere Natur verhalten, gegen das, was eigentlich der Sinn der Schöpfung gewesen ist, „böse". Das setzt natürlich so etwas wie einen Sinn der Schöpfung und somit auch einen Schöpfer voraus.

Mit einer rein demokratischen Festlegung lässt es sich im Normalfall gut leben. Aber wenn diese in außergewöhnlichen Situationen in Frage gestellt wird (z. B. im Verteidigungsfall oder in wirtschaftlichen Krisen), so fällt sie sehr schnell in sich zusammen. Warum soll man etwas, das man selbst festgelegt hat, nicht verändern? Zumindest dann, wenn es dem allgemeinen Wohl (wenn auch gelegentlich nur dem Wohl des eigenen Volkes) dient?

Aber halten wir fest: Regeln muss es geben. Jeder, der sich benachteiligt fühlt, wird auf Einhaltung von Regeln pochen – weil er sich in seinen Rechten verletzt fühlt. Wenn Menschen ohne Regeln leben, entsteht eine Gesellschaft, in der es dann nur noch ein Recht gibt: das Recht des Stärkeren.

Regeln, Gesetze und Gebote sollen dieses Recht des Starken außer Kraft setzen: Sie stärken den Schwächeren und schränken den Stärkeren ein.

Gebote – Sinn und Verselbständigung

Wie wir Gebote nun empfinden, hängt einmal von der Frage ab, ob wir die Stärkeren sind, die durch die Gebote eingeschränkt werden, oder ob wir die Schwächeren sind, denen die Gebote Schutz geben; zum anderen aber hängt es aber auch davon ab, inwieweit wir deren Notwendigkeit und deren Sinn erkennen. Ein Stoppschild an einer gefährlichen Kreuzung erscheint uns sinnvoll, weil wir wissen, dass das Anhalten dort uns und andere tatsächlich schützt. Umgekehrt weist ein Stoppschild Ortsunkundige auf eine solche Gefahr hin. Ein rote Ampel aber, die an einer übersichtlichen, menschenleeren Kreuzung steht, empfinden wir als lästig – vor allem, wenn wir es eilig haben. Wir sehen nicht ein, warum wir dort halten müssen.

In südlichen Ländern wird immer (zumindest immer öfter) hinter den Verkehrsregeln der Sinn gesehen – man hält sich oft nur daran, wenn es sinnvoll erscheint. In Deutschland neigen wir dazu, die Regeln einzuhalten, egal, ob sie noch sinnvoll sind: Am autofreien Sonntag (während der Ölkrise in den 70er Jahren) haben die Fußgänger in Münster beispielsweise immer noch an den roten Ampeln auf Grün gewartet.

Gebote – Eine Frage des Vertrauens

Gebote sollen einen Sinn haben, sie sind nicht Selbstzweck. Aber nicht immer erkennen wir den Sinn sofort. In einem solchen Fall können wir uns darüber hinwegsetzen, weil wir davon ausgehen, dass sie ihren Sinn tatsächlich verloren haben – oder uns darauf verlassen, dass dieser Sinn zwar vorhanden ist, aber uns momentan nicht einleuchtet. Entscheidend dafür ist letztlich unser Vertrauen in die *Kompetenz,* die *Fähigkeit* und die *Güte* des Gesetzgebers.

Vertrauen wir der *Kompetenz* eines Gesetzgebers – beispielsweise einem Vorarbeiter, der mich an einer Maschine anlernt –, so werden wir Anweisungen befolgen, auch wenn wir noch nicht richtig einsehen, warum es so besser sein soll. Fehlt dieses Vertrauen (weil wir es glauben, besser zu wissen – oder weil die Kompetenz des Vorarbeiters von uns stark angezweifelt wird), setzen wir uns eventuell über die Anweisungen hinweg.

Vertrauen wir der *Güte* eines Gesetzgebers – beispielsweise der Mutter, die uns mahnt, nicht beim Metzger Soundso einzukaufen –, so werden wir ihre Anweisung befolgen. Sie meint es ja gut mit mir, auch wenn mir nicht klar ist, warum gerade dieser Metzger schlecht sein soll. Fehlt dieses Vertrauen in die Güte der Mutter aber – weil sie zum Beispiel eine nachtragende Person ist –, so werden wir eher davon ausgehen, dass diese Anweisung aus einer persönlichen Abneigung heraus geschieht und uns nicht betrifft – und dann setzen wir uns darüber hinweg.

Gebote einzuhalten ist also nicht nur eine Frage, ob wir deren Sinn sofort erkennen. Wenn wir Gebote akzeptieren, hat das sehr viel mit unserer Einschätzung des Gesetzgebers zu tun. So formal, wie Gebote uns oft begegnen – es steckt doch immer auch ein persönliches Verhältnis dahinter: Vertrauen in Fähigkeit und Güte.

Die Zehn Gebote und die Kirchengebote

Nun ist aber gerade in einer Gesellschaft, in der Vorschriften und Gesetze ausufernd unübersichtlich werden, der Sinn vieler Vorschriften schwer zu erkennen – oder sogar ganz verlorengegangen. Das gilt auch vor allem für die Gebote der Religionen. Wer das *Vertrauen* in die Religion (oder einer bestimmten Religionsgemeinschaft) verloren hat, wird auch die entsprechenden Gebote nicht mehr halten wollen, weil deren Sinn oft verkannt wird. Wer einer Religion nicht mehr eine echte Lebenskompetenz zutraut, wird auch die Gebote nicht mehr als Hilfe betrachten. Und wer einer Religion nicht mehr *Wohlwollen* zutraut, wird leicht hinter vielen Geboten gerade das Böswillige vermuten.

Das wird besonders deutlich an den Kirchengeboten, an den Regeln und Vorschriften, die eine Religionsgemeinschaft prägt. Aber auch die Zehn Gebote, die Grundlage der drei großen Religionen (Judentum, Christentum, Islam), werden zwar immer wieder erwähnt – aber nur zum Teil befolgt, am wenigsten noch die ersten drei Gebote, die ausschließlich religiös sind. Wer nicht selbst eine Beziehung zum lebendigen Gott hat, wird sich daran wohl kaum halten. Man vermutet hinter diesen Geboten einen Verlust an Lebensqualität – und an Freiheit.

Das Gegenteil ist der Fall.

Ich bin Jahwe, dein Gott, der dich aus Ägypten geführt hat, dem Sklavenhaus. So beginnen die Zehn Gebote. Es soll deutlich gemacht werden: Die Gebote stehen im Gegensatz zur Sklaverei, mit den Zehn Geboten beginnt für euch die Freiheit, weil ihr mit ihnen das tut, was für euch gut ist.

Genau genommen steht nämlich im Urtext nicht: *„Du sollst!“*, sondern: *„Du wirst!“* – Derjenige, der von Gott befreit wurde und ihn als Gott erkannt hat, wird die Gebote halten, weil er es sowieso will. Die Gebote sind nicht von Gott gegeben, damit Gott ein paar Regeln hat, nach denen er den Menschen beurteilen kann, sondern sie ergeben sich automatisch aus dem Verhältnis zwischen Gott und Mensch. Wer in die Nähe Gottes kommt, wird sich so verhalten, wie es in den Geboten geschildert wird.

Gott schließt äußerlich einen Bund mit den Menschen – beide Seiten versprechen eine Bundesleistung. Gott verspricht, für sein Volk da zu sein, sein Volk verspricht, sich an die Gebote zu halten. Damit ist aber nicht einfach nur ein Handel abgeschlossen, der auch anders aussehen könnte. Gott hat sich nicht einfach die Bedingungen als Leistung aus den Fingern gesogen – er verlangt als Bundesleistung auch nichts, was Gott „glücklich machen würde". Gott ist bereits glücklich, mit oder ohne Volk.

Nein, letztlich ist der Bund eine pädagogische Glanzleistung Gottes: Das Volk Israel geht auf die Bundesbedingungen ein, um sich der Bundesleistung Gottes zu versichern – und erfüllt gleichzeitig durch die Zehn Gebote die inneren Bedingungen, selbst gottfähig zu werden.

Falls das Volk (und jeder einzelne darin) sich aber doch einmal von Gott entfernen sollte, so erkennt es das daran, dass es die Gebote nicht mehr hält. Gleichzeitig sind die Gebote dann wieder auch eine Hilfe, damit es weiß, wie es wieder zurückfinden kann zu seinem Gott.

Und so heißt es: *Dieses Gebot, auf das ich dich heute verpflichte, geht nicht über deine Kraft und ist nicht fern von dir. Das Wort ist ganz nah bei dir, es ist in deinem Mund und in deinem Herzen, du kannst es halten.*

Das Gleiche gilt nun auch für die fünf kirchlichen Gebote: Sie sind keine Regeln, die wir zusätzlich zu unserem guten Verhältnis zu Gott halten müssen, sondern sie ergeben sich automatisch aus einem Vertrauensverhältnis zu Gott. In dem Augenblick, in dem wir diese Regeln nicht mehr einhalten, erkennen wir, dass unser Verhältnis zu Gott getrübt ist. Außerdem erkennen wir an den Regeln, wie wir wieder das Verhältnis bereinigen können.

Das Gewissen

Ein Zeichen dafür, wie sehr das moralische Naturgesetz in uns Menschen verankert ist (also nicht allein auf dem gesellschaftlichen Kompromiss beruht), ist unser Gewissen. In unserm Gewissen spüren wir intuitiv, was richtig und was falsch ist. Dabei spielt es keine Rolle, in welcher Kultur wir aufwachsen. Jedem Menschen ist ein Gespür für Gut und Böse ins Herz gelegt.

Das Gewissen, das Gespür für Gut und Böse, muss aber gepflegt werden. In bestimmten Kulturen kann das Gewissen für bestimmte Unrechte besonders empfindlich und wachsam gehalten werden, in anderen Kulturen wird das Gewissen für bestimmte Unrechtshandlungen verbildet. Das Gewissen ist somit zwar ein guter Kompass, aber es kann auch trügen, wenn wir uns nicht darum bemühen, es zu bilden.

Wenn wir aber unser Gewissen wirklich pflegen – das heißt Handlungen, die uns selbstverständlich scheinen, hinterfragen, Positionen, die in der Gesellschaft verbreitet sind, nicht einfach übernehmen –, dann kann unser Gewissen uns zuverlässig den Weg zeigen.

Um das Gewissen zu bilden, helfen Gesetze und Gebote, aber noch wichtiger ist es, das Gute hinter den Geboten zu entdecken – also den Sinn der Gebote. Wenn wir den verinnerlichen, dann brauchen wir die Gebote nicht auswendig lernen, dann haben wir sie im Herzen verstanden.

Jedem Menschen ist ein natürliches Gespür für Gut und Böse ins Herz gelegt. Aber das Gewissen ist keine Quelle religiöser Wahrheiten! Das Gewissen kann nicht darüber entscheiden, ob es einen Gott gibt oder nicht. Ob es aber gut ist, für diesen Gott zu töten (z. B. während der Inquisition oder im Heiligen Krieg), ist durchaus eine Gewissensfrage.

Eine gute Religion hilft dabei, das Gewissen zu bilden, denn eine gute Religion ist in Besitz von tiefen Erkenntnissen über Gott und den Menschen, die uns helfen, selber gut zu leben.

Die Gnade

Eine der größten Bedrohungen für das Christentum ist daher, es auf eine Sammlung von Geboten zurückzuführen. Unser Glaube hat nicht zum Inhalt: „Wenn du folgende Regeln beachtest, wird Gott dich mögen und dich bei sich aufnehmen. Also tu was!“ Unser Glaube hat vielmehr zum Inhalt: „Gott mag dich und weiß, wie schwer es dir fällt, dich ihm zu nähern. Deshalb hilft er dir, indem er dich stärkt und dir die Kraft gibt, zu ihm zu kommen.“

Der christliche – katholische – Glaube geht davon aus, dass die Christen nicht diejenigen sind, die die Gebote am besten halten können, sondern dass die Christen die Menschen sind, die erkennen, wie sehr sie hinter dem Willen Gottes zurückbleiben, die wissen, dass sie der Hilfe Gottes bedürfen. Christen sind nicht die besseren Menschen, sondern die Menschen, die Gott in Christus um Hilfe bitten.

Wer den christlichen Glauben als Rezept ansieht, als eine Sammlung von Vorschriften, die er beachten muss, um zu Gott zu gelangen, der vergisst das Wichtigste: dass Gott sich selbst aufmacht, um uns zu helfen. Zu meinen, erst das Halten der Gebote würde mich mit Gott verbinden, ist nicht nur unmenschlich (das schafft keiner), sondern auch als Häresie des *Pelagius* von der katholischen Kirche verurteilt. Eine solche Lehre ist im doppelten Sinne des Wortes gnadenlos.

Zwar gehören auch konkrete Hinweise dazu, wie wir mit Gott ins Gespräch kommen können. Diese Hinweise, die auch manchmal als Gebote auftauchen, sind aber niemals Vorbedingung für die Gnade, sondern ein Wegweiser. Die Kraft aber, die uns bewegt (die Gnade), kommt allein von Gott.

In einem evangelikalen Büchlein „Roadmap to heaven" wird ebenfalls betont, dass die Gebote ohne Gnade nicht zum Glück führen. Allerdings driften die evangelikalen Baptisten manchmal in das andere Extrem. So heißt es dort (auf Seite 41):

„Die Bibel sagt, dass niemand durch das Halten der Zehn Gebote in den Himmel kommen wird. Das ist nicht das Ziel der Gebote. Gott gab sie uns, um uns zu zeigen, wie weit wir von Seinem vollkommenen Maßstab entfernt sind". Die Zehn Gebote sind demnach also nur Hinweis auf unsere schlechte Verfassung – aber kein Heilmittel. Das lehnt die katholische Kirche ebenfalls als Häresie ab: Weder die Gnade *allein,* noch der Mensch *allein.* Erst im *Zusammenwirken* der Gnade Gottes mit dem Bemühen des Menschen entsteht eine himmlische Wirklichkeit.

Deshalb dürfen wir im Christentum nicht aus Geboten Wertmaßstäbe machen: Wer bestimmte Gebote nicht halten *kann,* ist deshalb noch kein schlechterer Christ. Wer aber die Gebote nicht halten *will,* oder behauptet, man brauche sie nicht zu halten, wer also seine Schwäche nicht eingestehen will, der lehnt damit auch die Hilfe Gottes ab.

Wer sich zum Beispiel bei der Selbstbefriedigung über lange Zeit nicht enthalten kann, ist deshalb noch kein schlechter Christ. Sobald aber behauptet wird, das sei keine schlechte Sache mehr, sondern so natürlich wie Essen und Trinken, wer also nicht zugeben will, dass er in diesem Punkt schwach ist, der stellt sich außerhalb derer, die gemeinschaftlich den Weg Gottes gehen wollen.

DIE ZEHN GEBOTE MIT ZUGEHÖRIGEM BIBELTEXT

1. Ich bin der Herr, dein Gott. Du sollst keine anderen Götter neben mir haben.

Im biblischen Original heißt es:

Deuteronomium 5,6–10: *Ich bin Jahwe, dein Gott, der dich aus Ägypten geführt hat, aus dem Sklavenhaus. Du sollst neben mir keine anderen Götter haben. Du sollst dir kein Gottesbildnis machen, das irgend etwas darstellt am Himmel droben, auf der Erde unten oder im Wasser unter der Erde.*

Du sollst dich nicht vor anderen Göttern niederwerfen und dich nicht verpflichten, ihnen zu dienen. Denn ich, der Herr, dein Gott, bin ein eifersüchtiger Gott: Bei denen, die mir feind sind, verfolge ich die Schuld der Väter an den Söhnen und an der dritten und vierten Generation; bei denen, die mich lieben und auf meine Gebote achten, halte ich Tausenden die Treue.

2. Du sollst den Namen Gottes nicht verunehren.

Deuteronomium 5,11: *Du sollst den Namen des Herrn, deines Gottes, nicht missbrauchen; denn der Herr lässt den nicht ungestraft, der seinen Namen missbraucht.*

3. Gedenke, dass du den Sabbat heiligst.

Deuteronomium 5,12–15: *Achte auf den Sabbat: Halte ihn heilig, wie es dir der Herr, dein Gott, zur Pflicht gemacht hat. Sechs Tage darfst du schaffen und jede Arbeit tun. Der siebte Tag ist ein Ruhetag, dem Herrn, deinem Gott, geweiht. An ihm darfst du keine*

Arbeit tun: du, dein Sohn und deine Tochter, dein Sklave und deine Sklavin, dein Rind, dein Esel und dein ganzes Vieh und der Fremde, der in deinen Stadtbereichen Wohnrecht hat. Dein Sklave und deine Sklavin sollen sich ausruhen wie du.

Denk daran: Als du in Ägypten Sklave warst, hat dich der Herr, dein Gott, mit starker Hand und hocherhobenem Arm dort herausgeführt. Darum hat es dir der Herr, dein Gott, zur Pflicht gemacht, den Sabbat zu halten.

4. Du sollst Vater und Mutter ehren.

Deuteronomium 5,16: *Ehre deinen Vater und deine Mutter, wie es dir der Herr, dein Gott, zur Pflicht gemacht hat, damit du lange lebst und es dir gut geht in dem Land, das der Herr, dein Gott, dir gibt.*

5. Du sollst nicht morden.

Deuteronomium 5,17: *Du sollst nicht morden.*

6. Du sollst nicht die Ehe brechen.

Deuteronomium 5,18: *Du sollst nicht die Ehe brechen.*

7. Du sollst nicht stehlen.

Deuteronomium 5,19: *Du sollst nicht stehlen.*

8. Du sollst kein falschen Zeugnis geben über deinen Nächsten.

Deuteronomium 5,20: *Du sollst nicht Falsches gegen deinen Nächsten aussagen.*

9. Du sollst nicht die Frau deines Nächsten begehren.

Deuteronomium 5,21: *Du sollst nicht nach der Frau deines Nächsten verlangen.*

10. Du sollst nicht das Hab und Gut deines Nächsten begehren.

Deuteronomium 5,21: *Du sollst nicht das Haus deines Nächsten begehren, nicht sein Feld, seinen Sklaven oder seine Sklavin, sein Rind oder seinen Esel, nichts, was deinem Nächsten gehört.*

V. DIE GEBOTE – EINE GEWISSENSERFORSCHUNG

Wer sich vor einer Beichte (oder einfach nur einmal im Jahr als „seelische Inventur") die Zehn Gebote vornimmt und überprüfen möchte, wie es mit seinem „Sündenkonto" aussieht, ist oft relativ schnell fertig.

1. Ich bin der Herr, dein Gott. Du sollst keine anderen Götter neben mir haben.

„Andere Götter? Ich kenne ja kaum den einen ..."

2. Du sollst den Namen Gottes nicht verunehren.

„Namen Gottes ... Jehova? Habe ich nicht verunehrt. Ich benutze ihn ja auch nie."

3. Gedenke, dass du den Sabbat heiligst.

„Sabbat? Was ist das? Zumindest habe ich ihn nicht entheiligt, ist doch auch schon was."

4. Du sollst Vater und Mutter ehren.

„Hab ich. Ich habe immer schön ‚Danke' gesagt und Geschenke gekauft. Ich bin lieb zu ihnen. Meistens."

5. Du sollst nicht morden. –
6. Du sollst nicht die Ehe brechen. –
7. Du sollst nicht stehlen.

„Gemordet? Fremdgegangen? Gestohlen? Na, das wüsste ich aber!"

8. Du sollst kein falschen Zeugnis geben über deinen Nächsten.

„Zeugnisse stelle ich sowieso nicht aus …"

9. Du sollst nicht die Frau deines Nächsten begehren.

„Ich finde die Frau meines Nachbarn überhaupt nicht attraktiv. Was will ich mit der?! Die kann der gerne behalten. Obwohl … gucken muss doch wohl erlaubt sein, oder?"

10. Du sollst nicht das Hab und Gut deines Nächsten begehren.

„Das Gleiche gilt für sein Haus und Auto. Allerhöchstens seinen Swimmingpool … aber der macht auch nur Arbeit."

Klar – das führt zu nichts, und wir wissen: Die Gebote sind anders gemeint. Irgendwie umfassender und grundlegender. Irgendwie … Das Problem ist, dass wir, wenn wir die Gebote nicht wörtlich nehmen, schnell dabei sind, ein Gebot nur noch als Symbol zu sehen (so wird unter dem 6. Gebot alles zusammengefasst, was irgendwie mit Sex zu tun hat – und überhaupt nicht mehr im Zusammenhang mit *Ehebruch* gesehen). Das führt auch wieder zu nichts – dann fassen wir unter die Gebote doch nur wieder die Moralvorstellungen unserer Zeit; die Gebote sind dann nichts als ein Ordnungssystem.

Die Wahrheit liegt mal wieder in der Mitte: Jedes Gebot drückt schon eine grundlegende Versuchung des Menschen aus; und gleichzeitig sind die Gebote sehr viel realer gemeint, als wir zunächst glauben.

1. Ich bin der Herr, dein Gott. Du sollst keine anderen Götter neben mir haben.

Es geht bei diesem Gebot nicht nur vordergründig darum, in einen fremden Tempel gegangen zu sein und dort heimlich einer fremden Gottheit ein kleines Opfer dargebracht zu haben. Obwohl das heutzutage auch oft vorkommt – dann aber meistens aus folkloristischen Gründen; aus Jux bei der letzten Kegeltour auf den Malediven … aber damit versündigt man sich eher gegen die andere Religion, die man lediglich als bunte Kulisse versteht.

Der erste Platz und der letzte Sinn

Nein, die Frage, die das erste Gebot an uns richtet, ist eine andere. Gott ist schließlich der, der den ersten Platz in meinem Leben einnimmt. Er hat mich geschaffen, *ihm* verdanke ich alles. Er erwartet mich nach diesem Leben, auf *ihn* hin lebe ich. Er ist mein Gott, meine Kraft, mein Leben: *Er* lässt mich leben.

So formuliert klingelt es schon: So gesehen habe ich vermutlich schon öfter mal gegen dieses Gebot verstoßen.

Im Film „Glauben ist alles“ antworte die Möchtegern-Frau des Rabbis auf die Frage: „Lieben Sie Aerobic?“ mit einem vorwurfsvollen Blick und Ton: „Lieben? *Lieben??* Aerobic ist mein Leben!“ Als Rabbi sollte man hier sofort an das 1. Gebot denken …

Aber nicht nur, wenn wir *sagen,* dass irgendeine weltliche Sache „mein Leben“ ist, „meinem Leben einen Sinn gibt“ oder „mich am Leben erhält“, sündigen wir gegen das erste Gebot – sondern noch viel mehr, wenn wir so *handeln.*

Verheimliche ich meinen Glauben? Bete ich nicht vor anderen? Ist es mir peinlich, beim Beichten gesehen zu werden? Sage ich – zum Beispiel auf Wochenendfahrten oder -veranstaltungen –, dass ich gerne am Sonntag zur Messe möchte?

Wem will ich gefallen?

Im Grunde steckt in jeder x-beliebigen Sünde ein Verstoß gegen das erste Gebot. Denn bei jeder Sünde spielt das *Motiv* eine Hauptrolle – und wir sündigen ja meistens, weil wir andere Dinge oder Personen über Gott stellen.

„Ich weiß, man soll nicht lügen … aber was soll mein Chef von mir denken, wenn ich jetzt die Wahrheit sage?“ „Ich weiß, ich sollte jetzt noch nicht mit meinem Freund schlafen … aber nachher ist er enttäuscht von mir oder denkt, ich habe ein Problem mit ihm.“ „Ich weiß, ich habe meinen Eltern versprochen, jetzt nach Hause zu gehen … aber es ist gerade so schön hier.“

Ich weise im nächsten Kapitel darauf hin, dass wir uns nicht nur deshalb an ein Gebot halten sollen, weil Gott es erlassen hat – wir sollen es auch verstehen. Und eigentlich sollen wir uns an die Gebote halten, weil wir erkennen, dass sie nicht nur Gottes Wille sind – sondern sehr gut und heilsam für uns.

Aber dennoch ist jede Sünde auch eine Ab-setzung Gottes; obwohl ich die Sünde kenne, ist mir wichtiger, dass mein Freund (Freundin, Ehepartner, Lehrer, Chef …) mit mir zufrieden ist, als die Zufriedenheit Gottes.

Fremde Religionen

Selbstverständlich gehört in das erste Gebot auch die Zuwendung zu anderen Religionen. Zwar gehen wir nur selten wirklich „fremd“, indem wir Mitglied anderer Religionen werden. Aber wir „räubern“ dort gerne: etwas Seelenwanderung aus dem Buddhismus, etwas Yoga aus dem Hinduismus …

Aber seien wir auch nicht überkritisch: Nicht alles, was in anderen Religionen praktiziert wird, ist schlecht. „Prüfet alles und behaltet das Gute!“ sagt Paulus, und deshalb dürfen wir uns in fremden Religionen und Kulturen gerne umsehen und Gutes übernehmen.

Aber oft heben wir lieber fremde Schätze und verwerfen das eigene Gold. Und oft finden wir etwas nur deshalb interessant, weil es eben nicht christlich, sondern exotisch ist. Vor allem verdrängen diese Praktiken und Übungen häufig unser Gebet oder ersetzen das Gespräch mit Gott. Viele dieser Dinge gaukeln uns vor, wir könnten uns selber heilen und retten und bräuchten keinen Gott mehr.

Das gilt auch für den Aberglauben: Ob wir in Edelsteinen eine verborgene Kraft vermuten, in schwarzen Katzen einen Vorboten für nahendes Unheil oder in Erdstrahlen einen triftigen Grund, das Schlafzimmer umzuräumen – ob das Aberglauben ist oder nicht, ist nicht immer einfach zu entscheiden. Sobald aber der Mondkalender nicht nur eine praktische Alltagshilfe wird, sondern eine Droge und mir wichtiger als mein Gottvertrauen – dann habe ich mir einen anderen Gott gewählt.

Das Bilderverbot

Manche christliche Konfessionen haben eine andere Zählung der Gebote; sie sehen im Verbot, sich von Dingen auf der Erde oder im Himmel Bilder zu machen, ein eigenes Gebot und nehmen dann die letzten beiden Gebote wieder als eines. Und die Anhänger dieser Konfessionen werfen uns Katholiken dann oft vor, wir hätten das Bilderverbot bewusst unterschlagen.

Das stimmt natürlich nicht: Wir haben es nicht unterschlagen, es gehört mit zum Gebot: „Du sollst keine anderen Götter neben mir haben." – Aber vielleicht haben die Kritiker der alten Zählweise der Gebote ein berechtigtes Anliegen: Es besteht die Gefahr, dass wir zwar überzeugt sind, keine Bilder an die Stelle Gottes zu setzen – es aber unbemerkt doch tun.

Hüten wir uns also davor, den Schutz Gottes für uns davon abhängig zu machen, ob wir eine Medaille oder ein Kreuz tragen – die Zeichen für Gott sind und nicht Gott selbst. Hüten wir uns davor, nur dem Gebet vor einem bestimmten Gnadenbild Macht und Erhörung zuzusprechen – Gott hört jedes Gebet, das mit dem Herzen gesprochen wird.

Hüten wir uns davor, über richtige oder falsche Bilderverehrung zu streiten – ein Bild ist immer nur eine Hilfe für *uns* zum Gebet – nicht für *Gott*.

2. Du sollst den Namen Gottes nicht verunehren.

Auch im zweiten Gebot geht es nicht allein um ein Wort, das den Namen Gottes benennt (ob nun „Jehova", „Jahwe", Jesus, oder nur Gott oder Allmächtiger). Der Name Gottes ist für das Alte Testament gleichbedeutend mit Gott oder mit Gottes Ansehen.

Redewendungen und Flüche

So dürfte es keine Sünde sein, gelegentlich „O Gott!“ zu sagen (oder: „Gott sei dank!“ – oder: „Um Gottes willen!“ – das kann im Gegenteil sogar Ausdruck einer guten Beziehung zum Herrgott sein). Wer aber im Namen Gottes flucht oder Schlechtes gutheißt, missbraucht sowohl den Namen Gottes als auch Gott selbst.

„Gottverdammter Idiot!“
„Dass du mal Abitur machst, möge Gott verhüten!“
„Dafür möge Gott dich strafen!“
„So ein gottloses Ding!“
„Ich bete zu Gott, dass mein Nachbar endlich das Zeitliche segnet …!“

auch:

„Möge Gott uns beistehen“ – wenn man gerade etwas Sündiges vorhat.
„Gott wird schon nichts dagegen haben…“ – dito.
„Sieht so aus, als ob Gott mich mag …“ – wenn man mal nicht erwischt wird.

Achten Sie auf Ihre Sprüche! Meistens sind sie gedankenlos – aber deswegen oft auch respektlos. Gott hat mehr verdient.

Gott schlechtmachen

Aber es geht nicht nur um den Namen, sondern auch um den „Ruf“ Gottes. Den können wir ganz leicht ruinieren: Indem wir als Christen und Kinder Gottes so handeln, als gäbe es diesen Gott nicht. Das ist schneller *getan* als darüber *nachgedacht*. Aber auch Gedankenlosigkeit ist eine Sünde.

Aber auch wenn wir im Namen Gottes Böses tun: Menschen diskriminieren, weil sie nicht „gottgefällig“ leben (vielleicht gefallen sie Gott viel mehr als unserem persönlichem Geschmack); Sündern nicht vergeben; Fehler anderer angeblich „um der Gerechtigkeit willen“ öffentlich machen – usw. Das sind subtile Sünden – oft oberflächlich gesehen nicht schlimm; aber da sie im Namen Gottes geschehen sehr, sehr abgründig.

Gott verzwecken

Sobald wir Gott für unsere Ziele einspannen, benutzen wir den Namen Gottes, um uns selbst zu salvieren. Das beginnt beim Gebet für den Sieg des eigenen Sportvereins – oder dass die eigene Firma den umkämpften Auftrag erhält – oder die eigene Partei bei der nächsten Wahl gewinnt – und endet schnell beim Gebet, dass ein Konkurrent doch einen kleinen Unfall haben möge …!

Helmut Kohl wurde einmal vor der Bundestagswahl gefragt, ob er für den Sieg der CDU beten würde. Er antwortete: „Ich bete für Gesundheit und persönliche Dinge. Für einen Wahlsieg bete ich nicht dafür arbeite und kämpfe ich!“

Auch in der Erziehung kann Gott verzweckt werden: Wir drohen mit Gott und seiner Strafe, um Kindern angst zu machen und uns Gottes Autorität zu leihen. Bedenken wir, was wir in den Kindern damit auslösen können – oft rauben wir den zukünftigen Jugendlichen und Erwachsenen durch diese Erziehungsbequemlichkeit schon in der Kindheit die Beziehung zu Gott.

3. Gedenke, dass du den Sabbat heiligst.

Während die Juden damit tatsächlich den Samstag meinten, ist seit der Auferstehung Christi der „Heilige Tag“ auf den Sonntag verschoben worden. Und damit hat er auch eine neue Bedeutung bekommen: Der Sonntag soll ein Tag des erneuerten Lebens in Gott sein – und ein Tag der Auferstehungs*feier.*

Der vertrödelte Sonntag

Der Sonntag wird nicht nur durch unnötige Arbeit entwürdigt (auch wenn die zunehmende Egalisierung des Sonntags als Werktag auch schon ein Problem in unserer Gesellschaft ist), sondern viel häufiger durch das Degradieren des Sonntags als „Schlaftag“. Samstag – da geht die Post ab! Und am Sonntag regiert der Kater …

Wie schnell wird der Sonntag zum „Tag des Nichtstuns“ und vor dem Fernseher verbracht. Bevor man sich aufrafft und sich etwas Schönes überlegt, das man sich gönnen will, ist der Sonntag schon wieder rum. Deshalb braucht ein guter Feiertag wie der Sonntag auch eine Vorbereitung und Einstimmung: Der Samstag sollte (unter anderem) dazu dienen, lästige Arbeit vom Sonntag fernzuhalten, für Ordnung und Feierlichkeit zu sorgen, sich einzustimmen – und zu überlegen, wie man den Sonntag heiligen kann.

Die Heiligung des Sonntags

Zur Heiligung des Sonntags gehört vor allem der Gottesdienst, das Gebet und die Ruhe, um Gottes Nähe zu spüren. Der Sonntag ist schon so etwas wie ein *Wellness-Tag* – aber eben für unsere Seele, und nicht nur für den Leib (wobei das eine oft zum anderen führt). Und was ist für unsere Seele besser als Gott?

Klar – dazu muss man sich manchmal aufraffen. Aber allein die Tatsache, dass man sich überwinden muss, darf kein Hindernis sein. Wer sich einen schönen Tag in der Wellness-Abteilung gönnen will, muss sich auch erst einmal aufraffen, Sachen packen und auf den Weg machen.

Der Sonntag wird darüber hinaus geheiligt, indem wir nicht nur uns selbst freuen, sondern auch Freude bereiten. Besuche, Geschenke, Kino und Theater, festliches oder gutes Essen, Familienausflüge und gute Gespräche sind Geschenke, die wir auch Gott machen.

4. Du sollst Vater und Mutter ehren.

Dieses Gebot ist so eine Art „Generationen-Vertrag“: Zu der Zeit, als es noch keine Rente und Krankenversicherung gab, war es eine Pflicht der Kinder, für ihre Eltern dazusein. Es ist darüber hinaus ein Gebot zur grundsätzlichen Dankbarkeit: Denn viele Menschen sind zusammen mit unseren Eltern daran beteiligt gewesen, dass es uns heute so gut geht.

Der Sozialstaat

Heute glauben wir oft, dass der Sozialstaat uns diese Pflicht abgenommen hat. Unsere Eltern sind gut versorgt – doch auch ohne unser Zutun. Oder? Ja – deshalb heißt es ja auch nicht, „Du sollst Vater und Mutter *versorgen*“, sondern *ehren*. Dankbarkeit erschöpft sich nicht in Geldzuwendungen. Vor allem sollten wir Dankbarkeit zeigen; unseren Eltern bis zuletzt zeigen, dass sie erwünscht und geliebt sind (und nicht lästig, teuer und störend). Auch dann, wenn sie ihre Macken und Kanten haben – gerade im Alter kommt keiner daran vorbei.

Verzeihen

Eltern müssen ihren Kindern viel verzeihen – vom abgebrannten Teppich bis hin zur gezielten Beleidigung, weil man so früh zu Hause sein muss. Das gilt dann sehr früh auch schon umgekehrt: Die Kinder sollten auch damit leben lernen, dass ihre Eltern nicht perfekt sind. Manche sogar sehr fehlerhaft und in ihren Augen vielleicht sogar schlechte Eltern …

Verantwortung abschieben

Den Eltern zu verzeihen ist nicht einfach; wir haben immer noch den Anspruch, perfekte Eltern verdient zu haben; und viele unserer Fehler schieben wir auf unsere Erziehung (obwohl wir schon längst selbst dafür verantwortlich sind).

Und wenn wir dann irgendwann unsere Eltern als Oma und Opa erneut mit der Erziehung betrauen – diesmal der Enkel –, dürfen wir auch nicht alles Schlechte unserer Kinder den „veralteten Erziehungsmethoden der Großeltern" anlasten.

Loslassen

Kinder erziehen von Anfang auch ihre Eltern – Erziehung ist immer ein wechselseitiges Geben und Nehmen. Kinder, die erwachsen werden, müssen sich dann (manchmal) den Weg aus der Obhut der Eltern freikämpfen, damit ihre Eltern sie loslassen und ihre eigenen Wege gehen lassen. Aber das gilt auch umgekehrt: Kinder müssen ihre Eltern auch loslassen und ihnen zugestehen, nun an sich selbst denken zu können. Wir haben kein Anrecht auf ihre fortgesetzte Dienste!

Dankbarkeit

Der Gedanke „Ich sage mit meinem Leben Danke für das, was mir geschenkt wurde“, gilt natürlich primär für die Eltern. Aber unsere Dankbarkeit sollte nicht so enge Grenzen haben: Im vierten Gebot dürfen wir sehr wohl auch eine Anregung sehen, unseren Lehrern, Tanten, Onkeln und Nachbarn ebensoviel Dankbarkeit zu zeigen wie unseren Schulkameraden, Ausbildern oder Professoren – den Fahrlehrer nicht zu vergessen.

Pflege

Nicht jeder hat die Zeit und Möglichkeit, die eigenen Eltern am Ende ihres Lebens zu Hause zu pflegen und zu versorgen. Manche aber schrecken einfach nur vor dieser Belastung zurück; vielleicht hilft in diesem Fall zu bedenken, dass man am Ende des Lebens den Eltern die Liebe zurückgeben kann, die man selber am Anfang des eigenen Lebens erhalten hat – darin kann großes Glück verborgen liegen.

5. Du sollst nicht morden.

„Ich habe doch niemanden ermordet …!“ ist eine der Standard-Entschuldigungen, wenn wir uns vor der Beichte drücken wollen. Hm … stimmt das?

Abtreibungen

Darüber brauche ich hier keine große Diskussion anfangen: Abtreibung ist Tötung von unschuldigen Menschen. Vielleicht bin ich selbst daran schuldig geworden; vielleicht habe ich eine Abtreibung befürwortet, dazu geraten oder sogar erzwungen. Vielleicht habe ich mich aber auch nur der „unterlassenen Hilfeleistung" schuldig gemacht, weil ich weder Hilfe angeboten habe – und auch nicht das gesellschaftliche Schweigen zu dieser Massentötung brechen wollte?

Aber auch so kleine Bemerkungen „Boah, ist die blöd – mit 15 schon schwanger!" können dazu führen, dass scheinbar ganz Unbeteiligte sich nicht mehr trauen, ihr Kind zur Welt zu bringen – weil sie Kommentare wie den Ihren fürchten.

Verkehrstod

Aber auch unser Verhalten im Straßenverkehr kann Leben kosten – nicht nur, wenn wir am Steuer sitzen und zu schnell fahren. Wir können ein solches Verhalten auch provozieren, indem wir uns über die „lahme Schnecke" vor uns fröhlich aufregen oder begeistert sind, wenn jemand einen neuen „Streckenrekord" aufstellt.

Aber auch die Angst, dem Raser mit mahnenden Worten zur Spaßbremse zu werden; die netten Worte, die den Autofahrer noch zu einem letztem Glas Bier ermuntern; das schlechte Vorbild, das wir Fahranfängern geben, „um mal zu zeigen, wie gut ich bin" – alles das tötet. Auch Kinder.

Selbstmord

Tatsächlich sterben in Deutschland jährlich doppelt soviel Menschen durch Selbstmord wie im Straßenverkehr – wir reden nicht so gern darüber. Aber: Schweigen kann tödlich sein; die Probleme, die den Selbstmordkandidaten über den Kopf gewachsen sind, hätten vielleicht nur ein paar aufbauender Worte und aufrichtiger Anteilnahme bedurft.

Zum Selbstmord kann vieles führen: Mobbing, Lästern, Konkurrenzdenken, Witze übers Aussehen, Leistungsdruck, Liebeskummer, Arbeitslosigkeit, Depressionen, Schulden, Sucht … und an all diesen Dingen sind wir immer – mehr oder weniger – beteiligt. Vieles davon können wir nicht verhindern; aber doch einigermaßen entschärfen, dass es nicht zum Tode führen muss.

Wohlgemerkt: Einen Selbstmord nicht verhindern zu können – oder sogar ein Rädchen in der Todesmaschinerie gewesen zu sein – heißt nicht, dass wir deshalb Mörder sind. Viele Hinterbliebene eines Selbstmörders haben mit schweren Schuldgefühlen zu kämpfen, oft ohne wirklich Schuld zu haben. Aber gerade der Blick auf diese Nöte sollte uns mahnen, im Vorfeld nicht gleichgültig an fremden Nöten vorüberzugehen.

Das Vorfeld

Sowohl Abtreibung, Verkehrstote als auch Selbstmorde haben viele Ursachen. Wir sind daher nicht erst gefragt, wenn Erste Hilfe geleistet werden muss – sondern schon in der Verhinderung dieser Ursachen. Warum nicht kostenlos babysitten? Sich an Kindern freuen? Jugendlichen Müttern tatkräftig helfen? Ferienlager organisieren? Gruppenstunden leiten? Das macht werdenden Müttern Mut.

Warum nicht ruhigbleiben, wenn sich jemand verspätet? Sich selber mehr Zeit lassen? Nicht so hektisch leben, Verständnis haben, Verantwortung zeigen, verzichten können? Das nimmt den Stress aus dem Straßenverkehr und ermuntert zur Vorsicht.

Sich Zeit nehmen, auf Außenseiter zugehen, Arbeitslose ermuntern anstatt zu verurteilen, Obdachlosen und Bettlern freundlich zu begegnen und etwas zu spenden … warum nicht?

Wissenschaft und Forschung

Manchmal kleidet sich das Töten in wohlgeformte Worthülsen ... „Schwangerschaftsunterbrechung“ suggeriert zum Beispiel, dass nur eine „Pause“ eingelegt wird – obwohl ein Mensch getötet wird. „Verbrauchende Embryonenforschung“ ist ein anderes Beispiel – Embryonen werden geopfert und dienen so der medizinischen oder biologischen Forschung.

Neben den Worthülsen, die das Töten kaschieren, werden auch die dadurch anvisierten Forschungsziele als Legitimation angeführt. Oft wird der Kritiker der Tötung menschlichen Lebens zu Forschungszwecken als der dogmatische Fanatiker dargestellt, der scheinbar Hunderte – vielleicht sogar Tausende oder Millionen – Menschen lieber an Krebs sterben lässt. Angeblich würde die Entwicklung eines genialen Heilmittels nur deshalb verhindert, weil ein paar unbedeutende und „überzählige“ Embryonen nicht zu Testzwekken verwendet werden dürfen.

Abgesehen davon, dass die verheißenen Ziele mehr als unsicher sind und oft nicht mehr als ein Phantasieprodukt: Selbst wenn wir Tausende Menschen retten könnten, ist es uns deshalb nicht erlaubt, dafür andere unschuldige Menschen zu ermorden.

Nun werden Sie vielleicht nicht zu den wenigen Menschen gehören, die an Embryonen forschen. Aber Sie können diesem Skandal politisch gleichgültig oder engagiert begegnen und so Entwicklungen mitsteuern. Wie leicht boykottieren wir Tankstellen, Lebensmittel oder Tierprodukte, um gegen andere Fehlentwicklungen zu protestieren? Warum aber ist das Wohlbefinden von eingepferchten Legehennen soviel wichtiger als das Leben von ungeborenen Babys?

6. Du sollst nicht die Ehe brechen.

Bei diesem Gebot geht es nicht in erster Linie um Sex – sondern um die Ehe. Das vergessen die Verfechter der Sexualmoral oft – und ebenso die, die sich nicht an dieses Gebot halten. „Es schadet ja niemanden" höre ich oft. Doch, es schadet. Vor allem der Beziehungsfähigkeit.

Die Sexualmoral – das Nicht-Verstehen-Wollen

Eine Diskussion über die einzelnen Normen der Sexualmoral will ich mir an dieser Stelle ersparen – es geht hier um eine Gewissenserforschung und nicht um eine Rechtfertigung der kirchlichen Moral. Allerdings gebe ich zu, dass viele Menschen überhaupt nicht verstehen, warum die Kirche gegen vorehelichen Sex, künstliche Empfängnisverhütung, homosexuelle Praxis, Pornographie (und sogar Erotik), Selbstbefriedigung, Prostitution oder einen „kleinen Seitensprung" ist. Das eigentliche Problem liegt aber nicht im „Nicht-Verstehen", sondern im „Nicht-Verstehen-Wollen". Deshalb wird die Kirche und deren Vertreter (das sind nicht nur die Priester – sondern auch Sie!) nicht gefragt werden. Lieber nicht fragen, lieber nicht bohren – es könnte sich ja eine gute Begründung auftun!

Die Sexualmoral – das Nicht-Erklären-Können

Genauso schuldig machen sich aber auch die Priester (und auch die Bischöfe), die die Sexualmoral der Kirche nicht erklären – oder sogar nicht erklären können. Ich gebe zu, das ist unter den heutigen gesellschaftlichen Umständen eine Kunst. Aber auch eine Notwendigkeit!

Allerdings sollten wir auch hier nicht nur auf die Priester schimpfen: „Kirche" sind alle Getauften, und die sehen sich oft nicht im geringsten in der Verantwortung, sich für die Sexualmoral der Kirche einzusetzen. Aber wir alle sind aufgefordert zu Verstehen und zu Verkündigen. Und dabei unsere ganze Phantasie und Sympathie für die liebenden Menschen einfließen zu lassen, dass verstanden wird, wie gut die Kirche es mit ihren Kindern meint.

Beziehungsfähigkeit

Entscheidend für die Vermittlung eines verantwortlichen Umgangs mit unserer Sexualität ist zu erkennen, dass Sexualität eine Sprache ist – die unserer Beziehungsfähigkeit dient. Wir sollten diese Sprache nicht verhunzen und entleeren – und das geschieht oft: in Witzen, Anspielungen und Redewendungen; dagegen sollten wir durch die Art, wie wir Beziehungen pflegen und ausdrücken, durch jeden Respekt und jede Liebenswürdigkeit die Freude am Niveau pflegen.

Ehe schützen

Das sechste Gebot dient dem Schutz der *Ehe* und der *Familie*. Eine Ehe kann heutzutage durch viel Dinge bedroht und zerstört werden – nicht nur durch eine verirrte Sexualität. Was tun wir, um eine kriselnde Beziehung zu stärken? Helfen wir, indem wir Mut machen, aufbauen, zuhören, Zeit haben? Leben wir vor, dass jede Beziehung auch durch Verzicht, Versöhnung und Hingabe lebt?

Erwarte ich von dem Arbeitskollegen, der Kassiererin, dem Handwerker oder Händler, dass sie ihren Job 100prozentig erfüllen – auch wenn ihre Familien sie brauchen? Gestehe ich jedem Familienvater auch mal das Recht auf ein bisschen schlechte Laune zu? Arbeite ich gelegentlich (vielleicht sogar unbemerkt) für gestresste Eltern oder krisengeschüttelte Ehepartner mehr, als von mir verlangt wird?

Lasse ich beim Arzt – im Geschäft – im Restaurant Familien den Vortritt (auch wenn sie nerven)?

7. Du sollst nicht stehlen.

Ja, wir stehlen – öfter, als wir es wahrhaben wollen. Denn der Diebstahl ist oft genauso verdeckt und indirekt, wie das Töten oder die Lüge. Wir stehlen, indem wir Versicherungen betrügen oder ungerechte Wirtschaftsentwicklungen fördern. Wir stehlen, indem wir unseren oft absolut unnötigen Konsum denen überordnen, die auf unsere Hilfe angewiesen sind, indem wir illegal Musik oder Filme downloaden oder unberechtigt weitergeben.

Gerechtigkeit für ferne Länder

Manchmal steckt der Teufel im Detail und im System; indem wir uns daran beteiligen, unterstützen wir die Ausbeutung der Natur und die Ausbeutung der Menschen in Ländern der sogenannten Dritten Welt. Dass skrupellose Wirtschaftsbosse den Arbeitern in den Kaffee- oder Teeplantagen keinen angemessenen Lohn zahlen, ist natürlich nicht unser Problem. Aber wenn wir davon bewusst profitieren, indem wir uns gerade über diese Tiefstpreise freuen und unbedacht kaufen, machen wir uns mitschuldig.

Das ist nicht immer leicht zu durchschauen, und wir müssen auch nicht bei jedem Produkt wochenlange Recherchen anstellen, bevor wir es kaufen. Aber oft liegen die Ausbeutungssysteme offen zutage oder werden durch die Medien angeprangert – und wir vergessen alles, wenn wir erst wieder im Supermarkt stehen.

Gerechtigkeit bei uns

Aber das passiert uns nicht nur in unüberschaubaren wirtschaftlichen Verflechtungen. Wir lassen uns gerne vom kompetenten Einzelhändler vor Ort beraten – und kaufen dann doch im Internet beim Großhändler. Das ist genauso Diebstahl wie die Unterstützung von Firmen, die bekannt dafür sind, dass sie ihre Mitarbeiter nicht angemessen bezahlen, die Konkurrenz mit Gerichtsverfahren in die Pleite treiben oder unlauteren Wettbewerb praktizieren. Beim Blick auf das Preisschild vergessen wir schnell jede Moral.

Versicherungen und Behörden

Auch bei Versicherungen sind wir großzügig mit der korrekten Angabe von Umständen oder Schäden. Wir glauben, ein anonymes Großunternehmen stört es nicht, wenn es betrogen wird. Oder wir sind davon überzeugt, dass wir doch eigentlich ein Recht auf Entschädigung haben – obwohl die Versicherungsbestimmungen auf unseren Fall nicht zutreffen. Ja, wir freuen uns oft, dass wir einen Trick gefunden haben, noch mehr Geld zu erhalten, doppelt abrechnen oder Zuschüsse und Subventionen „kreativ" zuordnen.

Auch bei Behörden, beim Arbeitsamt oder dem Sozialamt geht es uns oft nicht darum, ehrlich zu bleiben – sondern möglichst viel zu erhalten. Uns geht es weniger um den Sinn der Gesetze, sondern mehr um den Effekt für unseren Geldbeutel.

Zum Beispiel das Wechselgeld

Aber wir stehlen auch im klassischen Sinne. Selbstverständlich gehen wir nochmal zur Kassiererin zurück und beschweren uns, wenn wir zu wenig Wechselgeld erhalten haben. Aber wenn es zuviel ist …? Wer geht nochmal zurück zur Kasse? Oder meldet sich am nächsten Tag noch? Wer weist darauf hin, dass ein Artikel nicht berechnet wurde?

Ich habe es selbst einmal erlebt, dass ein Tankautomat an einem Sonntag außerhalb der Geschäftszeit defekt war und jeder frei tanken konnte. „Selbstverständlich" freuten sich alle, riefen ihre Freunde per Handy an und luden noch Fremde von der Straße ein … aber keiner machte sich die Mühe, den Besitzer anzurufen oder am nächsten Tag das getankte Benzin zu bezahlen. Das, was da geschah, war Diebstahl.

8. Du sollst kein falsches Zeugnis ablegen über deinen Nächsten.

Wir lügen gerne – jeden Tag mehrfach. Das Lügen ist sozusagen die Lieblingssünde der Menschen. Das achte Gebot richtet dabei sein Augenmerk auf den, der geschädigt wird – der wird oft komplett vergessen.

Wir retten uns – vor wem?

Häufig lügen wir, um uns Unannehmlichkeiten zu ersparen. Wir sagen bewusst die Unwahrheit, um zu verheimlichen, dass wir etwas nicht wissen, dass wir einen Fehler gemacht haben, dass wir etwas nicht können, nicht aufgepasst haben, (vermeintlich) dunkle Seiten in der Vergangenheit haben oder um einfach nur lästigen Situationen aus dem Weg zu gehen. Soweit ist das ja alles gar nicht böse – sondern getragen von einem guten Willen.

Aber wir lügen ja immer jemanden an. Und das vergessen wir oft: Wir unterstellen dem anderen durch unsere Lügen, dass er uns dann weniger mögen wird; dass er kein

Verständnis hat; dass er vielleicht (oder ganz sicher) unangemessen reagiert; dass er mit der Wahrheit nicht umgehen kann ... und so weiter. Immer sind die sogenannte „Notlügen" Beweise von Misstrauen und Geringschätzung des anderen.

Schlimmer noch: Durch diese „Notlügen" verstärken wir das Misstrauen; wir nehmen dem anderen die Möglichkeit zu zeigen, dass er sehr wohl angemessen reagieren kann. Wir schützen uns vor dem Belogenen – und nehmen ihm damit einen großen Teil seiner Würde, weil wir ihn zur Bedrohung erklären.

Die Übertreibung ist die kleine Schwester der Lüge

Komisch – es lacht keiner, als ich von dem Missgeschick meines Freundes erzähle? Dann muss ich es wohl noch etwas dramatisieren? Ein wenig pointierter darstellen?

Wir sind schnell dabei, die Reaktion unserer Zuhörer zu einem wichtigeren Maßstab zu erheben als den guten Ruf derjenigen, über die wir gerade reden. Dabei wird aus der Übertreibung schnell die lästernde Lüge – die unangenehmste Variante dieser Sünde.

Und der Geschädigte hat noch nicht einmal die Chance, sich zu wehren. Das nennt man hinterhältig.

Eine Gewohnheit ablegen

Lügen ist wie das Rauchen ... wenn es stressig wird, ist flugs die Zigarette angezündet, noch ehe das Gehirn „Stop!" rufen kann. Weil wir so oft geflohen sind, lügen wir schon aus Gewohnheit. „So bin ich nunmal, ich kann mich auch nicht ändern."

Doch, das können Sie. Und das ist notwendig; denn es gibt immer wieder Situationen, da weiß selbst Ihr bester Freund oder Ihre beste Freundin nicht, was wahr und falsch ist – und ist allein darauf angewiesen, Ihnen zu glauben. Schade wäre, wenn sie das nicht mehr vorbehaltlos können.

Deshalb: Kämpfen Sie gegen diese Gewohnheit. Sie kämpfen um Ihre liebsten Menschen!

Lügen ohne Worte

Nicht nur ausgesprochenen Sätze können gelogen sein. Auch Ihr *Verhalten* kann unehrlich sein: es gilt Versprechen einzuhalten, treu zu sein, niemanden zu blamieren, aber auch Pünktlichkeit, Zuverlässigkeit und Sparsamkeit können Aspekte von *wahrhaftigem Verhalten* sein.

Die höfliche Lüge

Ehrlichkeit besteht auch darin, niemandem etwas vorzuspielen, was nicht stimmt. Wenn es Ihnen schlecht geht, müssen Sie das nicht verstecken; wenn Sie jemand fragt, wie es Ihnen geht, dürfen Sie auch ehrlich antworten: „Schlecht."

Natürlich sollten Sie andere nicht belästigen; der Übergang von Höflichkeit und Rücksicht zur Lüge und Unehrlichkeit ist fließend. Wenn Sie sich nicht sicher sind, ob ein bestimmtes Verhalten noch höflich ist – oder schon verlogen –, dann entscheiden Sie sich für die Ehrlichkeit. Sie ist wertvoller.

9. Du sollst nicht die Frau deines Nächsten begehren.

… und …

10. Du sollst nicht das Hab und Gut deines Nächsten begehren.

... sind nicht einfach nur die Wiederholung des 6. und 7. Gebotes. Sie sind auch nicht einfach nur als Hinweis zu verstehen, dass Sie sich in Gefahr begeben, wenn Sie sich nach Dingen sehnen, die Ihnen nicht gehören (oder die *sich* nicht gehören). Das „Begehren der Frau des Nächsten und seines Hab und Gut“ ist nicht der Beginn der Sünde – sondern bereits Sünde im vollen Sinn.

Das ist revolutionär für das frühe Moralverständnis – in archaischen Kulturen war nur das böse, was anderen Schaden zufügte. Mit diesen beiden letzten Geboten wird deutlich, dass Gott uns mit den Zehn Geboten auch vor dem Schaden bewahren will, den wir uns selbst zufügen.

Die Vergiftung der Seele

Früher hätten aufrechte Christen die Aufgabe ihres Lebens mit der Floskel umschrieben, dass sie „ihre Seele retten wollen.“ Bei allem, was sie taten, ging es darum, das ewige Heil nicht zu verlieren. Inzwischen gilt diese Einstellung als „Heils-Egoismus“ – und wir definieren Moral fast nur noch über das, was unsere Taten für Folgen für *andere* haben.

Dazu gehört scheinbar nicht das, was sich lediglich in unseren Gedanken abspielt – oder was wir ganz allein für uns im stillen Kämmerlein tun. Rache-Phantasien? Gewaltvideos? Machtgelüste? Schadet doch keinem ...

Natürlich schrecken wir auf, wenn einzelne Menschen aus scheinbar heiterem Himmel ihre perversen Phantasien in die Wirklichkeit umsetzen und zum Amokläufer oder Terroristen werden.

Aber es geht bei den letzten beiden Geboten nicht allein darum, solche Auswüchse zu verhindern. Sondern das

Gift, das bei einzelnen Menschen zur Katastrophe führt, ist schließlich ein Gift für jede Seele. Und was wir unserem Körper nicht zumuten, das sollten wir noch viel weniger unserer Seele antun.

Der Verlust des Gewissens

Wir schaden unserer Seele, wenn wir „gut“ und „böse“ nicht mehr von unserer Intuition abhängig machen. Indem wir die Handlungen, die wir anderen gegenüber selbstverständlich als verwerflich einstufen würden, uns selbst gegenüber (oder in uns selbst) zulassen, verlieren wir nämlich das Gefühl für das, was gut und schön ist.

Wer sich zum Beispiel häufiger ausmalt, wie er seinen Feinden auf möglichst hinterhältige Weise deren Ungerechtigkeiten und Fehlverhalten heimzahlt, findet vielleicht darin einen Ausgleich für seinen Frust. Aber ganz leise verschieben sich seine Wertmaßstäbe, sein Empfinden für Schadenfreude wird schwächer, seine Bereitschaft, auch seinen „Feinden“ zu Hilfe zu eilen, sinkt.

Schlimm ist dabei nicht nur, dass er vielleicht wirklich weniger hilfsbereit wird – oder gehässiger. Schlimm ist auch, dass er bald nicht mehr zwischen Freude und Schadenfreude, zwischen Hilfsbereitschaft und Rache unterscheiden kann. Er verliert sein Gewissen – und irgendwann auch seine Seele.

Das eigentliche Ziel der Gebote

Außerdem wird durch diese letzten beiden Gebote abschließend hervorgehoben, dass die Zehn Gebote nicht einfach eine „Sozialordnung“ sind oder gewähren. Man hört und liest oft davon, dass die Zehn Gebote die Grundlage einer jeden Gesellschaft – oder zumindest unserer

Gesellschaft – sind. Das scheitert schon allein an den ersten drei Geboten, die so ausdrücklich auf Gott ausgerichtet sind, dass wir sie nicht zur Zugangsbedingung für unsere Gesellschaft machen können. Auch Atheisten sind uns als Nachbarn oder Kollegen herzlich willkommen.

Nein, die Zehn Gebote sind weder Grundlage für mein Verhältnis zum Staat und auch nicht Skizze eines gelungenen Verhältnisses zum Nächsten. Die Zehn Gebote sind die Bundesbedingungen für mein Verhältnis zu Gott.

In Amerika ist es üblich, zur Eheschließung sogenannte „Eheversprechen" in ein kleines Büchlein zu schreiben und es dem Ehepartner feierlich zu überreichen. Darin stehen dann Dinge wie „Ich werde dich niemals an deiner Berufsausübung hindern", „Ich werde niemals deinen Geburtstag vergessen", „Ich werde dir zuliebe nicht mehr Alkohol trinken, als ich vertrage", „Ich werde niemals schlecht über dich reden" – und so weiter.

Das ist der tiefere Sinn der Zehn Gebote: *Sie sind Eheversprechen.* Korrekt übersetzt müssten sie also nicht heißen: „Du sollst …", auch nicht „Du wirst …", sondern: „Weil ich dich, Gott liebe, *werde ich* niemals lügen, niemals stehlen und die Ehe heilig halten; *ich werde* keinen anderen Gott neben dir haben, denn ich liebe dich doch; *ich werde* deinen Namen ehren und deinen Wochentag …"

Der Gedanke, dass der Bundesschluss am Sinai dem Ehebund gleicht, ist keine neue Erkenntnis. Für die Juden war die Form des Bundesschlusses immer schon eindeutig als Ehevertrag erkennbar; nur für uns Christen ist diese Erkenntnis mit der Zeit etwas in den Hintergrund geraten.

Und nur in diesem Sinne ergeben die beiden letzten Gebote ihren tiefen Sinn. Einem Polizisten-Gott ist es egal, ob wir uns danach sehnen, über die rote Ampel zu fahren – Hauptsache, wir tun es nicht. In einem Eheversprechen ist

aber die innere, unsichtbare Gedanken- und Herzenswelt viel wichtiger als das äußerliche Tun: „Weil ich dich liebe, werde ich auch meine Gedanken hüten und nichts von dem begehren, was dich traurig macht …"
… weil ich dich liebe.

So lauten die fünf Weisungen der Kirche

1. Feiere den Sonntag als „Tag des Herrn".

Am Sonntag erinnern wir uns an das Wichtigste in unserem Glauben: Jesus ist auferstanden. Das dürfen wir feiern. Deshalb soll die Arbeit ruhen. Darum sollen wir diesen Tag in Gemeinschaft mit anderen, vor allem aber in der Familie verbringen.

2. Besuche die hl. Messe an Sonn- und Feiertagen.

Dort hören wir nämlich, was unseren Glauben ausmacht. Dort spüren wir, dass wir nicht alleine sind. Dort begegnen wir Jesus Christus im Sakrament der Eucharistie.

Wer ohne schwerwiegenden Grund (Krankheit oder Beruf) der Messfeier fernbleibt, der ist undankbar gegenüber Gott.

Das Fehlen beim Sonntagsgottesdienst ist zu beichten, weil es die Beziehung zwischen Ihnen und Gott schwer beschädigt.

3. Halte die Fast- und Abstinenztage ein.

Am Aschermittwoch und am Karfreitag essen wir Katholiken kein Fleisch (Abstinenz) und nehmen nur eine sättigende Mahlzeit am Tag zu uns (Fasten). Diese Ausnahme vom Alltag soll uns an das erinnern, was Jesus für uns getan und gelitten hat.

Aus dem gleichen Grund sollen wir an jedem Freitag ein kleines Opfer bringen.

Das Abstinenzgebot verpflichtet alle ab 14 Jahren, das Fastengebot alle ab 18 Jahren bis zum 60. Lebensjahr.

4. Gehe wenigstens einmal im Jahr zur Beichte, zumindest in der Fasten- oder Osterzeit.

In der Beichte werden Ihnen Ihre Sünden vergeben. Das befreit! Alles was Ihre Beziehung zu Gott, zum Nächsten und zu Ihnen selbst angeht, kann so neu geordnet werden.

Außerdem hilft Ihnen die Gewissenserforschung, sich besser kennenzulernen.

5. Empfange wenigstens einmal im Jahr die Hl. Kommunion, zumindest in der Fasten- oder Osterzeit.

In der hl. Messe erinnern wir uns nicht nur an das, was Gott in Jesus Christus für uns getan hat. Christus selbst gibt sich uns als Speise in der Hl. Kommunion. Eine tiefere Verbindung mit ihm können wir auf Erden nicht erlangen. Und mit ihm verbunden zu sein, ist das Ziel unseres Lebens

Wenn das vierte und fünfte Gebot zusammengefasst werden, dann lautet das 5. Gebot:

5. Unterstütze nach Kräften die Kirche und deine Gemeinde.

Die Kirche lebt von Ihrer Mitwirkung, sie tut viel für Sie – auch wenn Sie es lange nicht merken; sie steht Ihnen jederzeit offen und bietet Ihnen einen unbezahlbaren Schatz an Gnade an. Wirken Sie daher nach Kräften in Ihrer Kirche mit, setzen Sie sich ehrenamtlich ein und unterstützen Sie den Dienst der Kirche auch finanziell.

VI. DIE GEBOTE UND DIE MORAL

Die Erkenntnis von Gut und Böse

Die Zehn Gebote sind eine sehr gute Richtschnur, um unser Verhalten zu überprüfen. Aber in der Gebotsbetrachtung liegt auch eine Gefahr: kurzsichtig zu werden und nur noch auf die Gebote zu schauen und auf die Frage, ob wir sie erfüllt oder verletzt haben. Wir schauen nicht mehr auf das Gute, das durch die Gebote geschützt werden soll – bzw. glauben, wir könnten allein durch die Gebote erkennen, was Gut und was Böse ist. Kurzsichtige Menschen glauben oft: „Wenn Gott uns nicht seine Gebote gegeben hätte und uns nicht immer wieder den rechten Weg wiese, wüssten wir dann, was Gut und was Böse ist?"

Dahinter steht die Überzeugung, dass wir erst durch die Offenbarung Gottes Gut und Böse unterscheiden können und dies nur anhand der Gebote, die Gott uns gegeben hat.

Tatsächlich ist eine solche Annahme ziemlich unchristlich, zumindest unkatholisch. Denn das würde ja bedeuten, dass wir gar nicht aus eigenem Vermögen moralisch erkennen können, sondern lediglich den Geboten Gottes gehorsam sein müssen. Das lehnen wir strikt ab!

Dahinter steht die (protestantische) Lehre von der Erbsünde, die die Erkenntniskraft des Menschen nicht nur *verdunkelt,* sondern sogar *zerstört* habe. Seit dem Sündenfall könne der Mensch nicht mehr selbst Gut und Böse unterscheiden, sondern sei ausschließlich auf Gottes Wort angewiesen. Ob die Gebotes Gottes aber einen Sinn haben – und vor allem welchen Sinn sie haben –, darf der Mensch nicht mehr fragen, weil er es nicht wissen und beurteilen kann.

Das ist gefährlich. Denn dann wären die Gebote keine *Richtschnur* für das eigene Denken des Menschen, sondern *Denkverbote*. Und weil wir angeblich nicht verstünden, was ein solches Gebot eigentlich schützen soll, dürfen (und können) wir Normen nicht auf unsere Situationen im Sinne des Erfinders anwenden. Weil wir den Sinn des Erfinders niemals begreifen.

Somit sind wir schnell wieder bei den Pharisäern, bei blindem Gehorsam und religiös-totalitären Diktaturen. Nicht gut.

Viele – sehr viele – Menschen glauben, genauso würde Religion funktionieren: Gott erlässt Gebote, weil er eben ein Gebotsfanatiker ist. Dass jedes der Zehn Gebote (sogar die ersten drei!) keine willkürliche Festlegung Gottes ist, sondern alle einen Sinn haben – ein Gut schützen – und somit dem Menschen gut tun, ist heute leider nur selten bekannt.

Und wenn der Vatikan dann mal wieder eine Norm bekanntgibt, beschweren sich alle, damit würden Denkverbote erlassen – weil sie glauben, der Vatikan denkt nicht, sondern verkündet nur. Aber tatsächlich ist jede (!) Norm vernünftig und gedanklich überprüfbar.

Die gesamte Moral der Kirche dient einzig und allein dem Glück und Wohl (und Heil) des Menschen. Sogar die gesamte Sexualmoral will nichts anderes als eine erfüllte Sexualität, die dem Menschen Freude macht. (Wenn Sie hier stutzen, dann war es wohl dringend nötig, darauf hinzuweisen.)

Immer wieder werde ich – meist per eMail – gefragt, ob ein bestimmtes Verhalten Sünde, leichte Sünde oder schwere Sünde sei. Wie tief darf ein Ausschnitt sein – wie kurz ein Rock? Darf man sich nackt sehen – in der Sauna, beim Arzt, bei zufälligen Begegnungen? Wo darf ich meinen Freund berühren? – Oft beziehen sich diese Fragen auf ganz spezielle Praktiken (meist aus dem sexuellen Bereich). Ich frage mich manchmal, wieso gerade ein Priester darauf eine Antwort wissen soll …!

Aber natürlich steht dahinter ein sehr ernstes Anliegen: Diese Menschen wollen Gott gefallen, wollen nicht sündigen und alles richtig machen. Und wir Priester sind auch gefordert, bei der Klärung dieser Fragen hilfreich zur Seite zu stehen.

Aber beantworten kann (und muss) sich jeder Christ die Fragen selber; dafür haben wir einen Verstand, ein Gewissen, die Gnade des Gebetes und die Gebote und Moral der Kirche. Mit diesen Zutaten soll die persönliche Moral wie eine gesunde Mahlzeit hergerichtet werden. Wer auf das eigene Denken und Beten verzichtet und einfach von der Kirche klare Handlungsanweisungen wünscht, ernährt sich einseitig.

Nach katholischem Verständnis ist die Erkenntniskraft des Menschen zwar *getrübt,* aber nicht *zerstört.* Mit den Geboten Gottes, noch mehr durch die gesamte Offenbarung als „Leuchte" begreifen wir besser das, was wir eigentlich auch ohne die Gebote hätten begreifen können. Denn die Gebote Gottes ergeben sich nicht aus dem unbegreiflichen Ratschluss Gottes, sondern aus ihrem Sinn und Zweck: Sie sollen uns Menschen zum Guten lenken und vor dem Bösen bewahren.

Was aber Gut und Böse ist, erkennen wir nicht erst durch die Gebote und Gesetze. *Gut und Böse sind Begriffe, die wir aus der Wirklichkeit ableiten – nicht aus den Geboten.*

Vielleicht kennen Sie das nette Bild, das einen Menschen darstellen soll, der noch unschlüssig ist, was er tun soll: Da sitzt auf seiner linken Schulter ein kleines Teufelchen und auf seiner rechten Schulter ein kleiner Engel. Der Teufel flüstert ins Ohr: „Vergiss die Moral! Tu ruhig das, was dir als Sünde erscheint!"

Angeblich flüstert der Engel genau das Gegenteil: „Nein! Tu's nicht! Lass die Finger davon!"

Aber ich behaupte hier einmal, dass ein wirklicher Engel etwas anderes flüstern würde: „Hör nicht auf den Teufel – sondern denke selber! Du weißt was gut ist – du kennst deine Erfahrung! Sei klug und verantwortlich!" – Der Engel Gottes hämmert uns keine moralischen Anweisungen ein, sondern erinnert uns an unseren Verstand und unsere Freiheit. Das reicht.

Wir halten fest, dass die grundlegenden Moralvorstellungen nicht erst durch Religion oder Offenbarung gewonnen werden; sondern dass Begriff und Inhalt von Gut und Böse über alle Religionsgrenzen hinweg von allen Menschen erkannt werden können.

Die Motivation, das Gute zu tun

Gebote und Gesetze werden nicht nur bekanntgegeben, sondern auch „sanktioniert", das heißt mit Strafe bewehrt. Wer sich nicht an die Regeln hält, kriegt Ärger. „Und das ist gut so!" – behaupten zahlreiche Vertreter einer strengen Auslegung von Religion:

„Wenn es keine ewige Belohnung und Bestrafung für mein Handeln gibt, wieso sollte ich dann moralisch handeln? Dann kann ich doch tun, was ich will!"

Wiederum kritisieren wir nachdrücklich diese Behauptung; denn jeder Mensch tut sowieso, was er will – auch der religiöse Mensch; sogar der Fundamentalist. Wer Befehlen gehorcht, tut das, weil er gehorchen *will*. Und wer die Schule schwänzt, um seinen coolen Freunden zu gefallen, tut das ebenfalls, weil er es *will* – genauso wie derjenige, der dann doch zur Schule geht, aus Angst vor den Konsequenzen.

Die Moral sagt zunächst nichts über eine Motivation aus, sondern antwortet auf die Frage, was denn nun gut ist. Dabei können wir grundsätzlich voraussetzen, dass jeder Mensch die Absicht hat, gut zu handeln – nur die Erkenntnis, was denn nun wirklich gut ist, geht dann auseinander.

Denn im Begriff „Gut“ steckt immer „das, was man tun soll“ drin. Wenn ich etwas „besser“ finde (im moralischen Sinne), dann meine ich damit „das, was man eher tun soll als anderes“. Ob eine Handlung aber gut ist oder nicht (also getan werden soll oder nicht), ergibt sich allein aus den Konsequenzen einer Tat. Dazu zählen sowohl die *natürlichen* Folgen (also zum Beispiel der erwartete Geldgewinn nach einem Banküberfall) als auch die *gesetzlichen* Folgen (die Wahrscheinlichkeit, im Gefängnis zu landen). Ob jemand nun auch noch die *übernatürlichen* Folgen mit in seine Erkenntnis einbezieht (also, ob ich nach dem Überfall unter Umständen mit der ewigen Hölle rechnen muss), ist zwar sinnvoll. Aber auch derjenige, der nicht an übernatürliche Folgen glaubt, handelt bereits moralisch.

Es wäre nun fatal zu glauben, dass eine Handlung, die überwiegend gute natürliche Folgen hat (z.B. Sonntags Leben retten), durch eine Strafandrohung Gottes zur Tat mit überwiegend schlechten Folgen umgepolt wird („Du landest in der Hölle, wenn du Sonntags Leben rettest!“).

Genausowenig polt Gott eine schlechte Tat (z.B. eine Bombe in einem vollbesetzten Bus zünden) durch Verheißung von ewigen Freuden („So kommst du direkt ins Paradies!“) in eine gute Tat um. So etwas tut Gott nicht.

Vielmehr ergeben sich übernatürliche Folgen nicht durch *Anordnung Gottes* aus einer Tat, sondern entspringen dem *Wesen einer Tat*. Wir haben keinen Willkür-Gott. Gott ist gut – im eigentlichen Sinne des Wortes.

Allerdings behaupten einige (wiederum aus protestantischer Tradition stammend), dass der Mensch in seinem

Willen so geschwächt ist, dass die Verheißung der natürlichen Folgen ihn nicht mehr zum Guten bewegen kann. Er bräuche die angedrohte Höllenstrafe.

Auch hier steht das (fundamentalistische) Konzept der zerstörten Willenskraft der Erbsünde dem moralischen Handeln im Weg. Die katholische Position dagegen besteht darauf, dass auch der nicht-religiöse Mensch sehr wohl genügend Motivation finden kann, indem er einfach auf die natürlichen Folgen seiner Taten schaut. Allerdings ist es hilfreich (nicht notwendig), wenn Gott ihm diese noch einmal ausdrücklich vor Augen hält. Denn die Willenskraft des Menschen, des Gute zu tun, ist schon geschwächt (aber eben nicht ausgelöscht).

Halten wir zumindest fest, dass wir die nötige Motivation, das erkannte Gute auch wirklich zu tun, nicht erst durch die Religion erhalten.

Moral und Gnade

Wenn wir zwar zur Wahrung der Freiheit des Menschen einen geistigen Schöpfer der Seele voraussetzen müssen, aber weder für die Erkenntnis des Guten noch für die nötige Motivation einen Gott brauchen, haben wir uns zwar vom Fundamentalismus befreit, sind aber schnell beim Deismus gelandet.

Der Deismus behauptet, dass es reicht, an einen Schöpfergott zu glauben, der sich nach Erschaffung der Welt zur Ruhe gesetzt hat. Seitdem läuft die Welt wie eine aufgezogene Uhr ohne weiteren Eingriff Gottes ab (daher spricht man vom deistischen Gott auch als „Uhrmachergott“).

Ein Blick in die Welt zeigt uns allerdings, dass es zwar theoretisch genügend Erkenntnismöglichkeiten und Motivationen moralischer Art gibt – diese aber nie sich allein überlassen werden dürfen, wenn nicht das Chaos und die absolute Unmoral um sich greifen soll (der Roman „Der Herr der Fliegen“ ist ein solches Lehrstück). Wir brauchen Hilfe bei der Erkenntnis. Und wir brauchen Hilfe, um das als gut Erkannte auch zu tun.

Wir sind wieder bei der Erbsünde – diesmal aber in der katholischen Version. Denn die Erbsünde hat uns zwar nicht absolut verdorben, aber immerhin geschwächt. Und in unserer geschwächten Erkenntniskraft und unserer geschwächten Willenskraft brauchen wir himmlischen Beistand.

Diesen Beistand nennen wir Gnade. Gott greift uns unter die Arme. Er lenkt unseren Geist und stärkt unseren Willen. Ganz dezent und unauffällig (also eine Spezial-Aufgabe für den Heiligen Geist, dem „Undercoveragent“ Gottes).

Dieses Konzept der unterstützenden Gnade *(gratia sufficiens)* ist etwas ganz anderes als das fundamentalistische Konzept, in dem Gottes Wirken unsere Erkenntnis nicht unterstützt, sondern ersetzt.

So können wir selbstverständlich Gutes und Richtiges auch in den anderen Religionen und sogar in den atheistischen Lebenswelten finden. Auch dort können die Menschen denken und moralisch handeln. Das klingt zwar selbstverständlich, aber auch Katholiken übersehen das gerne (so meinen einige z. B., die „Harry Potter“-Bücher könnten nicht gut sein, weil dort Gott nicht mitspielt).

Wenn wir in anderen Religionen Gutes und Wahres erkennen, geben wir damit aber nicht den Wahrheitsanspruch unseres Glaubens auf. Denn wir bleiben dabei, dass das Gute mit der Gnade und der Offenbarung viel klarer zu erkennen ist – und das Gute mit der Gnade Gottes auch viel leichter gewollt und vollbracht werden kann.

Somit ist der christliche Glaube – entgegen dem fundamentalistischen Konzept – nicht in erster Linie ein philosophisches System über Gut und Böse, sondern in erster Linie eine lebendige Begegnung (in den Sakramenten) mit dem, der uns zum Guten befreit und befähigt: dem guten Gott selbst.

Offenbarung der Wirklichkeit

Entgegen dem fundamentalistischem Konzept, dass es einer Offenbarung der Gebote bedarf, damit wir den Willen Gottes überhaupt erkennen können, vertritt die katholische Kirche einen viel größeren Begriff von Offenbarung: Gott gibt uns keine Anweisungen – er zeigt sich uns selbst.

Mit dem Blick auf den sich offenbarenden Gott erscheint nun auch die irdische Realität in einem neuen und veränderten Licht. Wir erkennen Zusammenhänge, Bedeutungen und Tiefendimensionen, die uns zuvor verschlossen waren. Nicht nur, weil Gott uns diese „mitteilt", sondern weil er uns einen Blick darauf werfen lässt.

Deshalb besteht die biblische Offenbarung hauptsächlich aus Geschichten und Erzählungen: „So sieht es aus in einer Welt, in der Gott eine Rolle spielt!" Die Bibel ist eben kein Sachbuch und keine Reportage. Und das ist gut so.

Mit diesem größeren, geweiteten und tiefergehenden Blick auf die Realität erkennen wir nun ganz andere Rangordnungen von Werten; mit dem Verständnis von Schönheit und Sinn der Schöpfung können wir nun auch unser Verhalten auf eine neue Art daran ausrichten.

Deshalb ist die Offenbarung auch von moralischer Bedeutung für uns. Aber die ist eben keine Enthüllung von Moral – keine Übermittlung moralischer Anweisungen. Sondern vor allem eine Selbst-Offenbarung Gottes: „Schaut her, so bin ich."

VII. DAS LEBEN NACH DER BEICHTE – ABLASS, STRAFE UND SÜHNE

Heilung braucht Zeit – und eine gute Therapie

Wer glaubt, dass nach einer schönen Beichte sofort *alles* wieder in Ordnung ist, der wird enttäuscht sein. Das Gefühl, das uns berauscht und über so einige Stolpersteine hinweg trägt, verfliegt nach einiger Zeit, und wir sind mit den gleichen Schwächen und Problemen konfrontiert, die wir auch schon vor der Beichte hatten. Natürlich schenkt Gott uns die Gnade, ganz und gar neu zu werden. Aber diese Gnade will mit unserem freien Willen mitwirken und ihn nicht aufheben.

Außerdem gibt es noch Folgen der Sünde, die sich durch die Vergebung durch Gott nicht in Luft aufgelöst haben. Aber keine Sorge: Dafür gibt es Gott sei dank den Ablass. Die kirchliche Verhaltenstherapie.

... der Ablass?! Um Gottes willen!

Ich kann mir vorstellen, was Sie bisher über den Ablass gehört haben – dass das eine typisch mittelalterliche Entgleisung der Kirche war: Um Geld zu verdienen, wurde die Sündenvergebung an die Spende von Geldern für Kirchen, Fürsten und Päpste gebunden. „Gott sei dank“, so heißt es dann oft, „gibt es heute so etwas nicht mehr. Hätte die Kirche den Ablass schon früher abgeschafft, so gäbe es heute kein katholisch und evangelisch.“

Um so erstaunter sind viele, dass es den Ablass bis heute noch gibt. Nicht nur vor dem Papstsegen an Ostern und Weihnachten *(urbi et orbi)* wird verkündet, dass mit dem

Segen ein vollkommener Ablass verbunden ist. Nein, auch mit dem Heiligen Jahr, dem Besuch von Kirchen und Wallfahrtsorten, dem Beten oder mit guten Werken usw. sind bis auf den heutigen Tag in der ganzen Welt Ablässe verbunden. Sind wir etwa immer noch „mittelalterlich rückständig"?

Eine dreifache Unterscheidung

Eine der großen theologischen und menschlichen Stärken der katholischen Kirche ist es, Unterscheidungen zu treffen. Manchmal sind die äußerst feinsinnig (manchmal auch etwas zu übertrieben, das kommt vor). So unterscheidet die Erfahrung der Kirche bei einer Sünde drei verschiedene Folgen: Zwischen persönlicher Beziehungsstörung, Schaden und Strafe.

Wenn mir jemand zum Beispiel Geld klaut, macht er sich dreifach schuldig:

- Indem er mich als Person missbraucht und dadurch verletzt *(Beziehungsstörung),*
- indem er mir einen materiellen *Schaden* zufügt (mir fehlt jetzt Geld) und
- indem er sich selbst und die Gemeinschaft schädigt *(Strafe).*

Bleiben wir bei dem Beispiel vom Diebstahl. Ihnen klaut jemand 1000,- Euro. Er hat sich nicht sonderlich klug angestellt, wird erwischt, verhaftet und kommt vor Gericht. Wenn er sich bei Ihnen entschuldigt, Sie um Verzeihung bittet, weil es ihm wirklich leid tut, dass er Ihnen das Geld genommen hat, dann ist die damit aufgeworfene Frage die nach Ihrer Beziehung – bzw. der erfolgten Beziehungsstörung. Sie können ihm verzeihen – oder auch nicht. Aber egal, was Sie tun, diese Ebene spielt keine Rolle für das anstehende Gerichtsverfahren. Das Gericht wird den Fall unabhängig davon behandeln, ob Sie dem Dieb nun verziehen haben oder nicht.

Das Gericht beachtet nämlich die anderen beiden Aspekte. Zunächst, ob der Dieb sich um *Wiedergutmachung* bemüht hat: Er muss Ihnen den Schaden erstatten. (Das wäre ja auch noch schöner, wenn er das Geld behalten dürfte!) Damit ist der Fall aber nicht erledigt: Denn die Gerichte verurteilen alle Straftäter noch zu einer zusätzlichen *Strafe* (ein Bankräuber ist dadurch noch nicht frei, wenn er nur die Beute zurückgibt). Das hat damit zu tun, dass der Dieb auch noch die Gesellschaft (manche sagen: „die Gerechtigkeit") und sich selbst verletzt hat.

Jede schlechte Tat schädigt nicht nur das Opfer (z. B. eines Diebstahls), sondern auch die Menschen, die von diesem Diebstahl hören: Sie trauen anderen nicht mehr so leicht, verlieren vielleicht sogar ganz das Vertrauen in die Menschen. Häuser werden demnächst besser gesichert, fremde und unangenehme Menschen schneller abgewiesen und vielleicht sogar Unschuldige nicht nur leichter verdächtigt, sondern auch häufiger verurteilt.

Außerdem schädigt der Täter sich selbst: Der erste Diebstahl fällt noch schwer, der zweite geht schon leichter von der Hand. Das Gewissen stumpft ab, der Reiz des ersten „Erfolges" verstärkt die Versuchung. Und wenn Sie erst einmal davon überzeugt sind, dass Sie ein schlechter Mensch sind, dann reden Sie sich vielleicht ein, zum Guten überhaupt nicht fähig zu sein. Warum sich dann noch anstrengen?

Also: Im ganz normalen Leben unterscheiden wir und die deutschen Gerichte immer die drei Aspekte: *die verletzte Beziehung zum Opfer, den entstandenen Schaden und die angemessene Strafe.* Keiner hat gegen diese dreifache

Unterscheidung etwas einzuwenden, weil sie uns intuitiv einleuchtet. Was allerdings im alltäglichen Leben unserem Rechtsempfinden entspricht, findet die genaue Entsprechung im katholischen Glauben. In der katholischen Kirche wird die *gestörte Beziehung* durch Gott in der Beichte erneuert, die Buße ist ein Zeichen der *Wiedergutmachung* (und sollte deshalb auch der Tat entsprechen, also z.B. jemandem Gutes tun, den man zuvor geschädigt hat) und die *Strafe* ist ein Ablass-Werk, die Tilgung der Strafe der Ablass.

Wie auch in der religiösen Ablass-Praxis wird diese weltliche Strafe nicht nur als Gefängnisstrafe, sondern auch als Geldstrafe (oft zugunsten einer Hilfsorganisation) oder als Sozialstunden verhängt: Es geht ja darum, dass der Straftäter sich selbst ändert, der Gesellschaft noch etwas schuldet und sich erneut für die Gerechtigkeit engagiert. Da haben wir nichts dagegen. Wenn die Kirche das aber tut, dann schütteln wir den Kopf. Was aber ist denn so schlimm daran, wenn der Ablass darin besteht, für eine gute Sache Geld zu spenden? Oder eine Wallfahrt zu machen (sozusagen religiöse Sozialstunden abzuleisten)?

Nebenbei: Manche vergleichen das Gefängnis (in dieser Welt) mit dem Gedanken des Fegefeuers (in der anderen Welt). Es gab früher zwar Ablässe für eine bestimmte Anzahl von Tagen, was sehr an die Bemessung von Gefängnisstrafen erinnerte. Aber erstens sind diese Ablässe abgeschafft und zweitens sollten wir uns in der Schilderung dessen, was nach dem Tod kommt, ein wenig Zurückhaltung auferlegen.

Manche Kritiker des katholischen Ablass-Gedankens sind der Meinung, dass es doch reicht, die Vergebung Gottes zu empfangen. Warum diese dreifache Unterscheidung der

Schuld? Wofür soll das gut sein? Nun, die Antwort liegt auf der Hand: Wir müssen zwischen diesen drei Aspekten der Schuld differenzieren, weil wir sonst dem Menschen (ob Opfer oder Täter) nicht gerecht werden.

Der Unterschied zwischen Vergebung und Wiedergutmachung

Als Christen sollten wir jedem verzeihen, wie Jesus schon dem Petrus gesagt hat, siebenmal siebenundsiebzigmal (also quasi immer!). Das heißt aber nicht, dass wir uns immer wieder ausrauben lassen sollen und den Dieben sogar noch die Beute überlassen, wenn sie sich entschuldigen. Nein, wenn wir zwischen Schuld verzeihen und Schaden wiedergutmachen unterscheiden, können wir dem Dieb gerecht begegnen: Wenn er um Entschuldigung bittet, können wir ihm verzeihen (also ihm bei der nächsten Gelegenheit wieder ganz vertrauen); wir dürfen aber trotzdem darauf bestehen, dass wir unser Geld zurückerhalten. Wenn der Dieb behauptet, er dürfe das Geld behalten, wir hätten ihm ja verziehen, dann können wir ihm erzählen, dass Schuld vergeben und Schaden wiedergutmachen nun einmal zwei verschiedene Dinge sind.

Der Unterschied zwischen Wiedergutmachung und Strafe

Nun macht es aber einen Unterschied, ob der Dieb mir das Geld geklaut hat, um sich damit einen schönen Tag auf Ibiza zu gönnen, oder ob er es genommen hat, weil er ungerechterweise erpresst worden ist. Je nachdem, wie schlecht seine Absicht gewesen ist, bekommt er eine unterschiedliche Strafe. So handeln ja auch die Gerichte. Es geht ja nicht nur darum, festzustellen, *ob* der Täter schuldig ist, sondern auch, *warum* er es getan hat. Danach legt der Richter das Strafmaß fest. Einen Anspruch auf Wiedergutmachung haben Sie immer, denn es ist ja Ihr Geld, auch wenn der Dieb selber unter Druck gestanden hat. Aber die Strafe kann ich danach bemessen, ob der Dieb geglaubt hat, nicht anders handeln zu können. Wenn ich also dem Dieb gerecht werden will, muss ich nicht nur zwischen der gestörten Beziehung und dem Schaden, sondern auch zwischen Wiedergutmachung und Strafe unterscheiden.

Diese feinsinnige Unterscheidung der Kirche zwischen persönlicher Schuld, Schaden und Strafe ist also nicht etwa überflüssig, sondern notwendig, um dem Täter gerecht zu werden. Das gilt, selbstverständlich, auch für Gott. Denn Gott will ja auch uns gerecht werden.

Die Verbannung des Ablasses aus dem kirchlichen Denken führt nicht, wie manche glauben und behaupten, zu einer größeren Gerechtigkeit. Ohne den Ablass und die Erkenntnis, die dahintersteht, wird unser Glaube ärmer an Gerechtigkeit.

Der verborgene Wunsch des Täters: eine gerechte Strafe

Nun habe ich zwar die Strafe im Strafrecht mit dem Ablass im Religiösen verglichen; aber ich habe nicht gefragt, wofür die Strafe denn gut ist. Natürlich ist sie erst einmal (neben der Verzeihung und der Wiedergutmachung) ein Mittel, um die Motivation des Täters zu bewerten:

Hat der Täter selbst aus Not gehandelt (oder glaubte er, etwas Gutes zu tun), so braucht er zwar auch Verzeihung und muss auch Wiedergutmachung leisten – aber er wird wahrscheinlich eine *milde* Strafe oder auch *gar keine* Strafe bekommen. Hat er aber genau die gleiche Tat aus reiner

Böswilligkeit begangen, wird er eine sehr viel härtere Strafe bekommen – und hat sie ja auch verdient. Und das ist auch bei Gott so. Er verzeiht nicht einfach so – wenn wir wirklich böse waren und Böses gewollt haben, dann haben wir eine Strafe verdient, auch in den Augen Gottes. Vermutlich ist es sogar so, dass wir selbst erst vor Gott treten wollen, wenn wir die entsprechende Strafe erlitten haben.

Wenn Sie ehrlich nachdenken oder *nachspüren,* dann können Sie vielleicht verstehen, dass jemand, der seine Schuld einsieht und begreift, was er angerichtet hat, sehr wohl wünscht, er könne die Folgen seiner Tat selber tragen und dadurch anderen, denen er Leid zugefügt hat, seine Reue zeigen.

So ist auch Gott: Er weiß, dass das Ertragen des selbstangerichteten Leids letztlich unserer eigenen „Psychohygiene" entspricht. Eine Strafe ist dabei nicht immer etwas Feindliches; wer begreift, was er getan hat, kann sogar eine Strafe wünschen und sie als Akt der Liebe annehmen.

Der Ablass ist also keine Strafe, die Gott verhängt, weil er sauer auf uns ist. Der Ablass ist ein Geschenk, nämlich die Gelegenheit, selbst zu tragen, was wir verursacht haben – ein Akt der Reinigung.

Eine chemische Reinigung

Wenn Sie zum Beispiel wirklich Böses getan haben und Sie es bereut und den Schaden wiedergutgemacht haben, bleibt immer noch der Wunsch, das verursachte Leid selbst zu spüren und zu ertragen. Mit der Verzeihung ist also nicht gleichzeitig der Erlass der Strafe gemeint.

Im Film „The Mission" wird dies eindrücklich geschildert: Weil der Sklavenhändler Mendoza im Duell seinen Bruder getötet hat und daran innerlich zerbricht, schleppt er als Sühne seine

Kriegsausrüstung zu den noch nicht versklavten Indianern in den Urwald und bittet sie – stellvertretend für seinen Bruder – um Verzeihung. Ein Pater, der nicht mit ansehen möchte, wie sich der Büßer mit den Schwertern den Berg hinaufquält, und ihn davon befreien will, wird von seinem Vorgesetzten belehrt: „Ob es genug ist, entscheidet Mendoza selbst!"

Allerdings gilt: Gott verzeiht uns und hat in seinem Sohn auch unsere Strafe erlitten. Dadurch sind wir davon befreit, alle Konsequenzen unseres Tuns wirklich **1:1** ertragen zu müssen. Weil die Strafe (also die Konsequenz) unserer Gottlosigkeit eigentlich der Tod wäre, hat Gott uns davor bewahrt. Uns bleibt aber noch der Anteil, den wir tragen können. Davon will Gott uns nicht befreien, weil er uns liebt.

Sühne – der Weg der Liebe

Petrus hat – am Kohlenfeuer im Innenhof des Hohen Rates – Jesus dreimal verleugnet. Nach der Auferstehung Jesu findet eine beindruckende, ja dramatische Begegnung mit Jesus am Ufer des Sees Tiberias statt. Dort brennt wieder ein Kohlenfeuer, und Jesus fragt seinen Petrus dreimal: „Liebst du mich?" Als Jesus das dritte Mal fragt, erinnert sich Petrus an seine eigene Verfehlung und wird traurig: „Herr, du weißt alles, du weißt auch, dass ich dich liebe" (Joh 21,17).

Nun könnte Jesus sagen: „Okay, ist schon vergeben und vergessen." Aber damit würde er der inneren Zerknirschtheit seines Apostels nicht gerecht werden. Petrus zweifelt an sich: Was, wenn ich demnächst wieder versage? Woher weiß ich, dass ich ein anderes Leben führen werde?

Jesus tröstet Petrus auf eine (auf den ersten Blick) sehr ungewöhnliche Weise – nämlich, indem er Petrus auf das

Ende seines Lebens verweist: „Amen, amen, das sage ich dir: Als du noch jung warst, hast du dich selbst gegürtet und konntest gehen, wohin du wolltest. Wenn du aber alt geworden bist, wirst du deine Hände ausstrecken, und ein anderer wird dich gürten und dich führen, wohin du nicht willst. Das sagte Jesus, um anzudeuten, durch welchen Tod er Gott verherrlichen würde“ (Joh 21,18).

Was in unseren Ohren wie eine Drohung klingt („Du wirst ebenfalls gekreuzigt werden!“), stellt in Wirklichkeit eine Verheißung dar: „Ja, Petrus, du hast mich verleugnet und versagt; weil du Angst vor dem Tod hattest und vor dem, was der Hohe Rat dir hätte antun können. Aber gräme dich nicht: Am Ende deines Lebens wirst du nicht fliehen, du wirst keine Angst vor dem drohenden Tod haben. Du wirst standhaft bleiben!“

Das ist eine frohe Botschaft – auch wenn der Inhalt uns gar nicht so frohmachend erscheint. Aber das ist bei einer Sühne immer so: Das, was da geschieht, ist leidvoll; warum es aber getragen wird, offenbart Liebe.

Jemand, der in einer gefährlichen Situation seine Freundin im Stich gelassen hat, es bereut und nun der Freundin – *aber noch viel mehr sich selbst* – beweisen will, dass er sich geändert hat, sehnt sich vielleicht sogar nach einer erneuten Bedrohung, um diesmal der Liebe treuzubleiben. Die Kirche hat immer davor gewarnt, solche Situationen bewusst herbeizuführen (vor allem das Einfädeln des eigenen Martyriums wurde nicht gern gesehen); gerade deshalb aber haben die kleinen und großen Heiligen solche Gelegenheiten als Geschenke, als Gnade empfunden.

So wohl auch Petrus, der nach der Verhaftung durch den Hohen Rat ausgepeitscht und dann freigelassen wurde: „Sie aber gingen weg vom Hohen Rat und freuten sich, dass sie gewürdigt worden waren, für seinen Namen Schmach zu erleiden“ (Apg 5,41). Diesmal hat er nicht gekniffen! Diesmal hat er nicht verleugnet! Diesmal ist er treugeblieben! Wer sich nur ein wenig einfühlt, kann die Freude nicht trotz, sondern aufgrund der Peitschenhiebe verstehen – und vielleicht auch begreifen, dass die Verhaftung und Bestrafung durch den Hohen Rat für Petrus im nachhinein ein gnadenhaftes Geschenk war.

Sühne – das ist also keine Strafe aus Rache. Sühne, das ist auch keine morbide Todessehnsucht oder masochistische Selbstkasteiung. Sühne ist, wenn sie aus echter Reue heraus geschieht, der Weg innerer Heilung; ein Weg der Liebe.

VIII. BEICHTE UND EUCHARISTIE

Vom Verhältnis zwischen dem Sakramente der Beichte und der Feier der Eucharistie ist oft nicht mehr bekannt als die gewünschte Reihenfolge: Bevor man an einer Messe teilnimmt und die Kommunion empfängt, sollte man beichten. So ähnlich wie die Regel: „Vor dem Essen Händewaschen nicht vergessen!“ Nur, dass es sich hierbei nicht um die Hände, sondern um die Seele handelt.

Ein bisschen wenig, nicht wahr?

Popcorn-Automaten

„Vor dem Essen Händewaschen nicht vergessen“ ist eine technische (in diesem Fall hygienische) Anweisung. Ihr erklärtes Ziel, das Essen nicht zu verunreinigen und dadurch krank zu werden, wird durch die sehr praktische Wirkung von Wasser und Seife erreicht.

Das funktioniert. Auch dann, wenn Sie nicht an kleine unsichtbare Krankheitserreger glauben oder Bakterien für eine Erfindung der Seifenindustrie halten. Hygienische Vorschriften muss man nicht glauben – sondern einfach praktizieren.

Das gilt nicht für die Beichte. Sie ist keine Vorrichtung wie Wasserhahn, eine Dusche oder ein Popcorn-Automat. Wer in der Beichte nur eine Vorrichtung (oder ein Ritual) sieht, das leider notwendig ist, um anschließend würdig das eigentliche Sakrament der Eucharistie zu empfangen, versteht es nicht nur – sondern bringt sich auch um die Früchte beider Sakramente.

Die Beichte ist eben kein Popcorn-Automat, in den Sie nur genügend Geld einwerfen müssen, um dann anschließend in der Messe Ihre Belohnung zu empfangen. Im Gegenteil: In der Eucharistie feiern wir den Tod und die Auferstehung Jesu – den Preis, *den Gott zahlt,* um Sie von Ihren Sünden zu befreien.

Wie Maria – das Zeitparadoxon

Die Feier der Heiligen Messe ist und bleibt Quelle und Höhepunkt unseres Glaubens; aber die eigentliche Frucht der Erlösungstat Jesu, die wir in der Messe feiern, wirkt auf uns, noch bevor wir daran teilnehmen.

Das kennen wir von Maria. Sie ist ohne Sünde empfangen. Viele Jahre vor der Geburt Jesu und noch mehr Jahre vor dessen Erlösungstat am Kreuz war sie die erste, die in den Genuss der Frucht des Kreuzigungstodes Jesu kam.

Solche in die Zeit rückwirkende Ereignisse kennen wir eigentlich nur aus Science-Fiction-Romanen (zum Beispiel aus Douglas Adams' „Per Anhalter durch die Galaxis“: Im fünften Band der vierbändigen Trilogie wird dieses Phänomen als „Folgenumkehr“ eingeführt).

Aber für Gott ist das keine Fiktion, sondern Realität: Das Heil, das uns bereitet ist und auf uns wartet, bewirkt gleichzeitig, dass *wir* bereitet werden und uns sehnsüchtig auf den Weg machen. Auch Maria wurde von Gott im vorhinein geheiligt, um die Heiligung der Welt zu ermöglichen; und so ist auch die Beichte Frucht der Eucharistie – und gleichzeitig der Weg dorthin.

Einswerden

Der Empfang des Beichtsakramentes im Hinblick auf die Eucharistie muss – wie meiner Meinung nach alles in unserem Glauben – unter dem Beziehungsaspekt gesehen werden. Sowohl Beichte als auch Eucharistie sind Momente der erneuerten Beziehung. In der Beichte hilft Gott mir, die nötigen Schritte auf ihn zuzugehen und mich wieder seinem Liebesangebot zu öffnen. In der Eucharistie geschieht dann der Vollzug der Beziehung.

So ist es auch zwischen uns Menschen: Da begeben sich zwei gemeinsam auf eine Wanderung, bis sie sich irgendwann über den richtigen Weg nicht mehr im klaren sind und sogar getrennte Wege gehen. Aber vielleicht kreuzen sich die Wege der beiden irgendwann wieder; dann kann es sein, dass der eine oder der andere (oder, bei uns Menschen kommt das vor: auch beide) für seinen Irrweg um Entschuldigung bittet. Diesen wunderbaren Moment der Versöhnung dürfen wir gerne mit der Versöhnung im Beichtsakrament vergleichen.

Der Moment für sich ist aber noch unvollständig: Erst, wenn die beiden wiederversöhnten Wanderer sich auch wieder auf den gemeinsamen Weg machen und ihre neue Einheit auch *leben*, ist die Versöhnung vollkommen. Eine solche, gelebte und praktizierte Einheit, das Einswerden von Gott und Mensch, ist die Eucharistie.

Vertrauen

So wird deutlich, dass die Beichte nicht nur eine kirchenrechtliche oder legalistische Voraussetzung für die Eucharistie ist. Wenn Hingabe in der Eucharistie gelingen soll, dann ist das Ausräumen von Misstrauen keine verordnete, sondern eine offensichtlich notwendige Voraussetzung.

Ein Sohn, der seinem Vater nicht absolut vertrauen würde, würde sich niemals aus mehreren Metern Höhe in dessen Arme fallen lassen. So würden wir uns ohne eine aufrichtige Beichte auch in der Messfeier nicht wirklich in Gottes Arme fallen lassen – Gott kann aber nur die halten und Halt erfahren lassen, die sich fallen lassen.

Noch dramatischer ist allerdings, dass Gott sich auch umgekehrt an uns ausliefert. Er schenkt uns seine Liebe, seine Versöhnung, ja, sogar seinen Sohn höchstpersönlich (Johannes 3,16: „Denn Gott hat die Welt so sehr geliebt, dass er seinen einzigen Sohn hingab, damit jeder, der an ihn glaubt, nicht zugrunde geht, sondern das ewige Leben hat") – und fragt nicht, ob wir ihn auch auffangen (Johannes 1,11: „Er kam in sein Eigentum, aber die Seinen nahmen ihn nicht auf"). Und dennoch liefert er sich immer wieder uns aus.

In der Beichte erklären wir uns bereit, ihn nicht mehr fallenzulassen.

Erst unter diesem Blickwinkel wird klar: Die Beichte ist die schönste, angemessenste und stimmigste Vorbereitung auf die Feier der Eucharistie; sie ist Vorgeschmack und Vorfreude in einem. Einfach göttlich.

Die Verwandlung unserer Sünden

In der Mitfeier der heiligen Messe gibt es die Tradition, mit den Gaben, die wir zum Altar bringen, damit sie in den Leib und das Blut Christi verwandelt werden, auch unsere Gebete und Anliegen mit auf den Altar zu legen.

Auch die Werke der vergangenen Woche können wir so – gedanklich und geistlich – Gott hingeben mit der Bitte, auch sie zu verwandeln. Aus rein irdischen Aktivitäten und

Werken der Nächstenliebe möge Gott durch seine Gnade ewiges Heil wirken.

Etwas weniger verbreitet ist die ebenfalls sehr alte Tradition, auch die Sünden und Vergehen in das Opfer Jesu hineinzugeben – und ebenfalls um Verwandlung zu bitten.

Da stellt sich allerdings die Frage, wie Gott aus unseren Lügen und Betrügereien etwas Gutes machen soll? – Nun, sicherlich nicht, indem er das, was wir getan haben, einfach gutheißt oder alles Böse durch pure Magie ungeschehen sein lässt.

Kettenreaktion

Jede Tat unsererseits fordert die Betroffenen ihrerseits zu einer Reaktion heraus. Wenn ich jemanden anlüge, kann er sich rächen oder es mir verzeihen. Wenn ich jemanden schlage, kann er zurückschlagen oder sich zu der inneren Größe aufschwingen, mir auch noch die andere Wange hinzuhalten.

Auch die Zuschauer werden sich auf die eine oder andere Art verhalten (indem sie zustimmen, sich innerlich abwenden, Mitleid mit dem Opfer haben oder resignieren). Dazu brauchen sie noch nicht einmal live dabei gewesen sein – wenn das, was wir getan haben, wirklich sündig war, wird es sicherlich weitererzählt werden (so sind die Menschen nunmal: *bad news are good news*).

Nach menschlichem Ermessen wird so eine Kettenreaktion der Sünden in Gang gesetzt; denn meine Lüge wird viele ebenfalls zum Lügen animieren; der Geschädigte verspürt den Schmerz des Misstrauens und gibt dieses Misstrauen an die weiter, die ihm anschließend begegnen: Seine Ehefrau wird vom ihm verdächtigt – sie lässt ihre Enttäuschung an den Kindern aus – die wiederum nehmen ihre Zurückweisung als schlechte Laune in die Schule mit – und so weiter.

Aber mit dem Augenblick, in dem ich meine Sünden und Verfehlungen Gott übergebe und ihn um Wandlung bitte, ist auch eine andere Kettenreaktion möglich. Diejenigen, die mich beobachten, wie ich jemanden belüge, werden in ihrem Vorsatz bestärkt, nicht ebenfalls so tief zu sinken. Der Belogene ärgert sich zwar sehr über meine Lüge, rafft sich aber zu einem Verzicht auf jede Rache auf und spricht ein leises Stoßgebet, um sich nicht zu rächen. Es gelingt ihm, er spricht nichts Böses über mich und verzeiht mir sogar innerlich – und hocherfreut über diese Gotteserfahrung beschenkt er seine Frau, die die Kinder anschließend besonders liebevoll behandelt und die diesmal gutgelaunt in die Schule gehen …

Bevor Einwände kommen: Das ist nur ein *mögliches Szenario* einer positiven Kettenreaktion. Da Gott die Freiheit eines jeden Handelnden respektiert, wird es eine „Alles-wird-gut-Kette“ so nicht geben. Aber wenn ich beichte, darf ich beruhigt sein, dass Gott aus meiner Sünde das *göttliche Maximum* an Heil wirken wird.

Müll-Recycling

Konrad Beikircher vergleicht die Beichte mit einer „Sondermüll-Entlade-Station“, und Jesaja meint: „All meine Sünden warfst du hinter deinen Rücken“ (Jes 38,17). Wenn beide recht haben, dann ist das ein ziemlicher Umwelt-Skandal.

Gott sei dank: Tatsächlich werden meine Sünden in der Beichte nicht einfach „vernichtet“ oder „entsorgt“; Gott vergisst sie auch nicht bloß. Er nimmt mir meine Sündenlast ab – und *verwandelt* alles, was ich getan habe, in Heilsanregungen.

Mit Gottes Hilfe muss der von mir Belogene nicht an der Wahrheitsliebe der Menschen zweifeln, sondern kann in seiner eigenen Aufrichtigkeit wachsen. Mit Gottes Hilfe wird der von mir Betrogene nicht zum Dieb, sondern bringt genügend Demut auf, seinen Nachbarn um Unterstützung zu bitten, der wiederum mit Gottes Hilfe sein Herz wiederfindet und sich zur selbstlosen Gabe aufrafft. Mit Gottes Hilfe wird der von mir im Straßenverkehr Verletzte den Sinn im Leben wiederfinden und zudem eine Welle der Zuneigung von Menschen erhalten, die er innerlich längst abgeschrieben hatte …

Nicht, dass das meine Schuld schmälern würde; aber zusammen mit der Verzeihung, die Gott mir aus reiner Liebe gewährt, kann ich am Ende der Beichte doppelt bereichert in die Welt zurückkehren: Gott hat die Wunden geheilt, die meine Sünden in meiner Seele hinterlassen hat – und Gott verwandelt zudem die Wunden, die ich der Welt zugefügt habe, in heilsame Anregungen.

IX. VIER GEWISSENSERFORSCHUNGEN

1. Ich, die anderen und Gott

Wir Menschen leben in drei Grundbeziehungen: zu uns selbst, zu den anderen, zu Gott. Anhand dieser drei Beziehungen will die folgende Gewissenserforschung helfen, das eigene Leben zu bedenken. Da, wo ich mit mir selbst, mit anderen und mit Gott nicht im reinen bin, lohnt es sich nach den eigenen Anteilen für die Unstimmigkeiten zu suchen, mögliche Sünden zu erkennen und Gott dafür um Vergebung zu bitten.

Meine Beziehung zu mir selbst

- Habe ich Freude an meinem Leben? Oder kommt es mir langweilig vor? Warum ist das so?
- Wann bin ich traurig, niedergeschlagen? Warum?
- Sorge ich für meine Gesundheit durch eine vernünftige Lebensweise? Oder schade ich ihr durch unmäßigen Konsum von Nikotin, Alkohol, Drogen? Übertreibe ich in der Sorge um meine Gesundheit?
- Kenne ich meine Fähigkeiten? Setzte ich sie ein oder lasse ich sie verkümmern? Kann ich mit meinen Grenzen leben?
- Bin ich empfindlich, zornig, nachtragend? Lasse ich mich gehen oder bemühe ich mich um Ausgeglichenheit und bekämpfe meine Launen?
- Muss ich immer im Mittelpunkt stehen? Bin ich neidisch auf andere? Suche ich nur meinen Vorteil?
- Bin ich verantwortungsbewusst? Bin ich ein verlässlicher Partner, Freund?

- Was lese ich? Sehe ich wahllos fern oder wähle ich bewusst aus?
- Wahre ich den Anstand bei der Wahl meiner Lektüre, der Filme, in meinem Reden, meiner Kleidung? Habe ich mich selbst befriedigt?
- Kann ich mich selbst annehmen und akzeptieren, dass andere mich lieben? Dass Gott mich liebt? Bin ich Gott dankbar, dass er mich erschaffen hat – und zwar genau so, wie ich bin?
- Bin ich unzufrieden mit meinem Aussehen – mit meinem Körper – mit meinem Charakter?
- Habe ich mich seit meiner letzten Beichte tatsächlich um Besserung und Heiligung bemüht?

Meine Beziehung zu den anderen

- Wie erfülle ich die Pflichten, die ich als Vater, Mutter, Gatte, Kind oder Geschwister habe? Nehme ich mir Zeit für die Familie? Lasse ich mich nur bedienen oder trage ich meinen Teil zum Wohl der Familie bei?
- Achte ich die Eigenarten, die Meinung und die Leistung der Mitmenschen zu Hause, im Beruf, in der Gesellschaft?
- Richte ich meine Mitmenschen grundlos und ohne dazu verpflichtet zu sein? Tratsche ich? Habe ich den Ruf anderer beschädigt? Mache ich andere schlecht, damit ich besser dastehe?
- Lasse ich mich von der Nächstenliebe leiten, wenn ich unausweichliche Konflikte austragen muss? Bin ich bereit zu verzeihen? Bemühe ich mich ehrlich, die anderen zu verstehen? Wie gehe ich mit Widerspruch und negativer Kritik um?
- Bin ich ehrlich, wahrhaftig? Habe ich gelogen? Rede ich mich heraus oder stehe ich zu meinen Taten?

- Habe ich das Eigentum anderer beschädigt oder schlecht behandelt? Habe ich gestohlen oder betrogen? Habe ich berechtige Steuern hinterzogen?
- Habe ich andere zu schlechten Taten verleitet? Habe ich Unrecht hingenommen?
- Bin ich bereit zu teilen? Wie gehe ich mit meinem Besitz und meinem Vermögen um? Bin ich geizig? Verschwenderisch? Habe ich nach meinen Möglichkeiten materielle Hilfe geleistet?
- Bin ich hilfsbereit? Nehme ich meine Pflichten und Rechte als Bürger wahr und diene so dem Gemeinwesen?
- Mache ich meine Arbeit gewissenhaft, sorgfältig und pünktlich? Ist Arbeit für mich mehr als nur ein Mittel, um Geld zu verdienen oder den persönlichen Ehrgeiz zu befriedigen?
- Wie denke und rede ich über das andere Geschlecht? Bejahe und lebe ich die Unauflöslichkeit der Ehe? War ich untreu?
- Habe ich mich und andere durch mein Verhalten im Straßenverkehr gefährdet?
- Bemühe ich mich um einen vernünftigen Umweltschutz? Achte ich Pflanzen, Tiere und Menschen als Geschöpfe Gottes?

Meine Beziehung zu Gott

- Welche Bedeutung spielt Gott in meinem Leben? Glaube ich an ihn?
- Was tue ich, um Gott und den christlichen Glauben besser kennenzulernen? Oder bin ich daran gar nicht interessiert? Lese ich in der Hl. Schrift, im Katechismus der Kirche, in Büchern, die die christliche Botschaft enthalten?
- Wie stehe ich zur Kirche? Bin ich davon überzeugt, dass sie trotz aller menschlichen Schwächen ihrer Glieder die

Botschaft Jesu Christi authentisch verkündet und die Sakramente des Heils spendet?

- Lasse ich mein Gottesbild und mein Gewissen von der Lehre der Kirche prägen? Oder lege ich mir mein Gottesbild und meine Moral selber zurecht?
- Mache ich mit, wenn über die Kirche und den Glauben hergezogen wird? Oder bemühe ich mich, beide nach Kräften zu bekennen und zu verteidigen?
- Besuche ich an Sonn- und Feiertagen die hl. Messe, wie es geboten ist? Kenne und halte ich die anderen Weisungen der Kirche oder kümmere ich mich nicht um sie?
- Habe ich die Hl. Kommunion oder ein anderes Sakrament der Kirche unwürdig empfangen?
- Beteilige ich mich am Leben der Gemeinde?
- Suche ich im Gebet die Nähe zu Gott? Wie bete ich und wann?
- Bin ich froh und dankbar, an Gott zu glauben und zur Kirche zu gehören?

2. Martyria – Liturgia – Diakonia

Unser Glauben soll Früchte tragen und mein Leben bestimmen; eine Gewissenserforschung, die sich vor allem an Gott richtet, sollte also fragen, wo sich meine Liebe zu Gott, mein Glaube und meine Gottesbeziehung in meinem Leben auswirkt.

Die Tradition der Kirche kennt drei Bereiche, in die sich der gelebte Glaube unterscheiden lässt: Der Bereich der *Martyria* (dazu gehört unser Glaubenswissen und unsere Glaubenbezeugungen), der *Liturgia* (damit sind Gebet, Gottesdienst und der Sakramentenempfang gemeint) und der *Diakonia* (der Bereich, der sich auf mein Verhältnis und Verhalten zum Nächsten bezieht).

Martyria – Den Glauben bezeugen

Als Christen sind wir überzeugt davon, in Jesus Christus die Wahrheit erkannt zu haben. Wir lernen durch den Sohn, wie der Vater ist. So lernen die Menschen durch uns, wer Jesus Christus ist.

- Erzähle ich von meinem Glauben? Wie können die Menschen den Glauben annehmen oder ablehnen, wenn ich ihn nicht weitergebe?
- Dafür muss ich aber auch selber wissen, was mein Glaube beinhaltet. Bemühe ich mich überhaupt darum? Was tue ich für mein eigenes Glaubenswissen? Kann ich jemandem, der mich nach meinem Glauben fragt, Rede und Antwort stehen?
- Woher beziehe ich meine religiöse Bildung? Aus dem Fernsehen? Der Tageszeitung? Aus dem, was alle sagen? – Wann habe ich zum letzten Mal ein religiöses Buch gelesen? Ein Glaubensgespräch geführt? Gehe ich mit meinen Fragen zu jemandem, der sie mir beantwortet?
- Suche ich nur die Bestätigung meiner eigenen Meinung? Oder setze ich mich bewusst mit entgegengesetzten Positionen auseinander?
- Bin ich bereit, mit meiner Familie und in meinem Freundeskreis auch über den Glauben zu sprechen? Oder ist mir das peinlich?
- Bin ich darüber hinaus bereit, auch weniger guten Bekannten Zeugnis von meinem Glauben abzulegen? Was halte ich vom katholischen Glauben? Setze ich mich für ihn ein? Oder ist er mir unangenehm?
- Bin ich froh, katholisch sein zu dürfen? Weiß ich, was für einen Schatz ich dadurch geschenkt bekommen habe?

Liturgia – Den Glauben feiern

Der katholischen Kirche hat sich Jesus Christus in den Sakramenten anvertraut. Dort feiern und begegnen wir Jesus Christus.

- Freue ich mich darauf, in den Gottesdiensten Gott zu begegnen? Weiß ich um die große Gnade der Sakramente? Oder sind sie mir lästige Pflicht?
- Bereite ich mich auf den Sonntagsgottesdienst vor? Bewahre ich das, was mir dort geschenkt wurde, im Herzen? Oder bin ich vor und nach dem Gottesdienst eingespannt und angespannt? Ist der Gottesdienst nur eine ungewohnte Unterbrechung meines gewohnten Lebens?
- Bete ich? Wenn Beten mehr meint als die Gedichte, die ich vor und nach dem Essen aufsage – bete ich dann überhaupt?
- Lebe ich aus den Sakramenten? Weiß ich, dass ich nicht leben könnte, wenn mir Gott nicht immer wieder Kraft und Mut machen würde? Glaube ich, dass die Welt eher ohne die Sonne als ohne die Eucharistie sein könnte?
- Erneuere ich meine Taufe? Kenne ich meinen Namenspatron – und bete ich zu ihm? Bete ich für die Kinder, die zur Erstkommunion gehen, und für die Jugendlichen, die gefirmt werden? Gehe ich beichten? Bete ich für die Eheleute? Für die Sterbenden? Für die Toten?
- Wenn ich über den Priestermangel klage – bete ich dann auch um Priesternachwuchs? Wann habe ich das das letzte Mal getan?

Diakonia – Die Liebe leben

Das Gebot: „Liebe deinen Nächsten!" verpflichtet nicht nur jeden einzelnen, sondern auch die Christen insgesamt. Es ist die Aufgabe, an der die Welt unsere Glaubwürdigkeit misst.

- Überlasse ich die tätige Nächstenliebe den Hilfsorganisationen? Spende ich dann wenigstens? Mehr als nur das Münzgeld im Portemonnaie?
- Weiß ich, dass die Nächstenliebe der Maßstab ist, an dem mein Leben in dieser Welt gemessen wird? Dass von meinem Tun die Glaubwürdigkeit auch der anderen Christen abhängt?
- Wann habe ich das letzte Mal einem fremden, mir unbekannten Menschen geholfen? Wie?
- Zu den ersten Christen sagte man: Seht, wie sie einander lieben! Was wird man zu meiner Gemeinde sagen?
- Was tue ich für die Armen und sozial Schwachen? Wen davon kenne ich mit Namen?
- Ziehe ich über die Versager her? Mache ich mich über die Schwächen und Fehler anderer lustig? Nehmen ich andere in Schutz, wenn über sie Witze gemacht werden?
- Natürlich gibt es schlechte und auch notleidende Menschen. Aber woher weiß ich, wer dazu gehört? Und was tue ich, um diesen Menschen Hilfe anzubieten?
- Teile ich die Menschen ein? In Gewinner und Verlierer? Wozu gehöre ich selbst – meiner Meinung nach?

3. Positive Gewissenserforschung

Nicht jede Gewissenserforschung soll nach dem fragen, was ich Schlechtes und Verwerfliches getan habe; man kann auch danach fragen, was ich hätte alles Gutes und Schönes tun können. Zwar bleibt auch in dieser Gewissenserforschung die Erkenntnis, hinter den eigenen Möglichkeiten zurückgeblieben zu sein; aber gleichzeitig wird so der Blick auf das gerichtet, was mir – mit Gottes Hilfe – in Zukunft möglich sein wird.

- Habe ich schon einmal geschwiegen, obwohl ich mich verteidigen wollte? Habe ich stillgehalten, obwohl ich ungerecht behandelt wurde?
- Habe ich schon einmal verziehen, obwohl ich keinen Lohn dafür erhielt und man mein schweigendes Verzeihen als selbstverständlich annahm?
- Habe ich Verzeihung geschenkt, obwohl die Bitte darum vermutlich nicht aufrichtig war? Habe ich innerlich wirklich verziehen und den wieder liebgewonnen, der mich so verletzt hat?
- War ich schon einmal restlos einsam? War ich einsam, weil ich einem Versprechen treugeblieben bin? Habe ich Einsamkeit ausgehalten, weil die Gesellschaft anderer Menschen nur mit der Verleugnung meiner christlichen Grundsätze erkauft werden konnte?
- Habe ich mich schon einmal zu etwas entschieden, rein aus dem inneren Spruch meines Gewissens heraus? Habe ich schon einmal eine Entscheidunng gefällt, indem ich intensiv gebetet habe?
- Habe ich schon einmal versucht zu lieben, wo keine Welle einer gefühlvollen Begeisterung mich trägt, wo alles ungreifbar und scheinbar sinnlos zu werden scheint?
- Habe ich einen Streit beendet, indem ich auf mein Recht verzichtet habe? Bin ich einem Konflikt aus dem Weg gegangen, indem ich einen wirklichen Nachteil ertragen habe? Aus Liebe zu einem rechthaberischen Menschen?
- Habe ich einmal eine Pflicht getan, wo man sie scheinbar nur tun kann mit dem Gefühl der Selbstverleugnung? Habe ich in Treue zu meinem Glauben gehandelt, wo andere von einer entsetzliche Dummheit gesprochen haben? Wo es mir niemand dankt?
- War ich einmal gut zu einem Menschen, von dem kein Echo der Dankbarkeit und des Verständnisses zurück-

kommt, und ich auch nicht durch das Gefühl belohnt wurde, „selbstlos“ oder „anständig“ gewesen zu sein?

- Was war das letzte Lob, dass ich jemandem ausgesprochen habe?
- Habe ich mich in letzter Zeit entschlossen, ein wenig mehr für meinen Glauben – meine Beziehung zu Gott – zu tun? Und meinen Entschluss auch ein wenig in die Tat umgesetzt?
- Halte ich mich für einen sympathischen und ziemlich liebenswerten Menschen?
- Habe ich im stillen – ganz für mich selbst – schon einmal ein Opfer gebracht, nur Gott zuliebe?
- Habe ich jemandem mein Gebet versprochen und es auch verrichtet?
- Habe ich schon einmal die Wahrheit gesagt, obwohl es mir nur Ärger eingebracht hat? Bemühe ich mich, meine Ehrlichkeit nicht zu bereuen, sondern als Zeichen meiner Liebe zu Gott zu schätzen?
- Habe ich einem Menschen ein gutes Wort geschenkt, zu dem ich mich nicht durch Sympathie hingezogen fühlte? Sondern nur aus dem Bewusstsein heraus gehandelt, dass auch dieser Mensch ein geliebtes Geschöpf Gottes ist?
- Wann habe ich das letzte Mal bewusst die Stille gesucht? Nicht, um zu schlafen oder zu träumen, sondern um die Stille auf mich wirken zu lassen?
- Habe ich schon einmal etwas drangegeben, ohne Dank, ohne Anerkennung, selbst ohne das Gefühl einer inneren Befriedigung?
- Worauf habe ich in der Fastenzeit verzichtet – nur aus einer liebevollen Solidarität mit Christus heraus?
- Wann habe ich einen beinahe eingeschlafenen Kontakt zu einem Menschen von mir aus wiederbelebt – ohne dass ich ein Anliegen hatte?

- Wie lange ist es her, dass ich in Ruhe mit Gott gesprochen habe?
- Hatte ich schon einmal das Gefühl, dass Gott mir einen Engel geschickt hat?
- Erinnere ich mich daran, dass ich Gott aus ganzem Herzen gedankt habe, weil sich etwas erfüllte, um das ich zuvor gebeten hatte?
- Und kann ich mich auch daran erinnern, dass ich Gott dafür gedankt habe, dass er eine meiner Bitten nicht erfüllte, sondern mir eine andere und größere Freude bereitete?

4. Gewissenserforschung mit Bekenntnis

Die Menschen sündigen, weil sie so leben, als ob es Gott nicht gäbe.

Viele wollen Gott gar nicht kennenlernen, sie beschäftigen sich nicht mit der Bibel und lesen keine religiösen Bücher. Sie stellen keine Fragen, schauen weg, wenn eine religiöse Sendung im Fernsehen kommt, und beschweren sich trotzdem, dass Religion und Kirche so kompliziert, unverständlich und langweilig ist. Sie erfahren nichts über Gott und wollen auch nicht, dass Gott in ihrem Leben eine Rolle spielt. Gott stört.

Wenn Menschen nicht mehr beten und nicht mehr zur Kirche kommen, ist das oft ein Zeichen, dass ihnen Gott, Jesus und die Kirche nichts mehr bedeuten.

Fragen:
Bedeutet mir Gott etwas?
Kann ich sagen, warum mich Gott nur wenig interessiert?
Warum habe ich nur so wenig Interesse an der Kirche?
Möchte ich Gott besser kennenlernen?

Was bin ich bereit, dafür zu tun?
Liebe ich Gott? Habe ich ihn zumindest gern?

Ich bekenne:
Ich bin selbst schuld, wenn mir Gott nichts bedeutet.
Ich bin selbst schuld, dass ich keine Freude habe an der Kirche.
Ich bin nicht zur Messe gegangen, weil sie mir nicht wichtig ist.
Ich habe lange nicht gebetet, weil ich Gott nichts zu sagen habe.

Die Menschen sündigen, weil sie an den eigenen Vorteil denken und andere ausnutzen.

Viele Menschen erkennen Einbruch, Mord und Raub, Betrug, Erpressung und Entführung sofort als Verbrechen – Kriminelle nutzen andere aus, um sich selbst zu bereichern.

Aber auch durch kleinere Vergehen werden Menschen geschädigt – nur, damit ich zu einem Vorteil komme, werden andere ausgenutzt. Auch das kann Menschen verbittern, enttäuschen, mutlos machen, die Lebensfreude nehmen:
- indem wir uns rächen (ob zu Recht oder Unrecht),
- indem wir achtlos beleidigen,
- indem wir keine Rücksicht nehmen auf die Gefühle anderer und
- indem wir nach einem Versehen nicht den Mut zur Bitte um Entschuldigung aufbringen.

Aber auch durch Verstellung und Lüge verschaffen wir uns kleine und große Vorteile:
- indem wir andere „hereinlegen“ – und dabei unsere Grenzen vergessen,
- indem wir Halbwahrheiten, Unwahrheiten oder auch Vermutungen weitererzählen und

- indem wir gute Ratschläge, Tipps und Warnungen für uns behalten.

Fragen:
Denke ich nur an mich selbst?
Denke ich auch an andere Menschen?
Tue ich auch für die etwas, die mir nicht sympathisch sind?
Denke ich auch an die, die noch in meiner Schuld stehen?
Was tue ich für Menschen, die in Not sind?
Was tue ich, um andere vor Fehlern und Peinlichkeiten zu bewahren?

Ich bekenne:
Ich habe meinen Vorteil gesucht – auf Kosten anderer.
Ich habe andere in ihr Unglück laufen lassen.
Ich habe aus Leichtsinn, „nur so", aus Unachtsamkeit verletzt.
Ich habe es nicht geschafft, mich zu entschuldigen.
Ich habe gelogen.
Ich habe andere beschuldigt – ohne es genau zu wissen.
Ich habe über andere geschimpft, um von meinen Fehlern abzulenken.

Die Menschen sündigen, weil sie keine Verantwortung tragen wollen.

Kain sagte zu Gott: „Bin ich denn meines Bruders Hüter?" – Genau das will Gott, dass wir für den Nächsten, für die Familie, für die Gemeinde und die Kirche Verantwortung übernehmen. „Lass doch mal die anderen machen …" ist eine Flucht vor der Verantwortung. „Sollen sich doch andere blamieren."

Fragen:
Bin ich mir meiner Pflichten bewusst?
In der Familie – im Freundeskreis – im Verein – in der Gemeinde?
Drücke ich mich vor Verantwortung? Wo übernehme ich eine Aufgabe freiwillig? Auf Dauer?
Wo hätte ich helfen können? Habe ich meine Hilfe mehrfach angeboten?
Benutze ich gerne Ausreden, um keine Verantwortung übernehmen zu müssen?

Ich bekenne:
Ich habe mich vor Verantwortung gedrückt – und über die geschimpft, die Verantwortung wahrnehmen.
Ich habe nichts getan, damit ein anderer seine Aufgabe gut bewältigen kann.
Ich bin mir meiner Verantwortung im Verkehr nicht bewusst gewesen.
Ich habe mich vor der Verantwortung für die Armen in der Welt gedrückt.
Ich bin gedankenlos mit meinem Geld, meiner Zeit und meinen Besitz umgegangen.

Die Menschen sündigen, weil sie sich gehen lassen.

Der Mensch ist ein Wunderwerk der Schöpfung. Gott hat ihm viele Fähigkeiten und Kräfte geschenkt. Aber viele Menschen haben nicht die Disziplin, diese Kräfte zu entwickeln und die Fähigkeiten sinnvoll einzusetzen. Sie lassen sich lieber gehen.

Nur wer sich selber am Zügel hat, kann glücklich werden. Wir aber lassen gerne die Zügel schleifen – und beschweren uns dann, wenn wir merken, wie unglücklich wir dadurch werden, dass es zu viele Gebote gibt.

Lieber wollen wir die Moral ändern als uns selbst.

Fragen:
Worin muss ich mich besonders zusammennehmen?
Was ist meine persönlich Schwäche?
Was lese ich? Welche Filme schaue ich mir an? Sehe ich wahllos Fernsehsendungen?
Imponiert mir Schamlosigkeit? Gewalttätigkeit? Maßlosigkeit – beim Essen oder beim Trinken?
Habe ich Ehrfurcht vor meinem Leib und dem Leib der anderen?
Zeige ich die Ehrfurcht auch in meinem Handeln und Reden?
Freut mich das Leben – oder kommt es mir langweilig vor?
Welchen Sinn sehe ich in meinem Leben?

Ich bekenne:
Ich habe mich vom Zorn hinreißen lassen.
Ich habe mich in kleinen Dingen gehen lassen – aus Bequemlichkeit.
Ich habe einfach keine Lust mehr gehabt.
Ich habe meine Fastenvorsätze nicht eingehalten.
Ich war schamlos.
Ich habe nicht nachgedacht – nicht über mich
– nicht über andere
– nicht über Gott.

Ich habe gesündigt, Gott, vor dir. Es tut mir leid.